Er und sie im Karneval

Er und sie im Karneval

Büttenvorträge rund um die Beziehungskiste

herausgegeben von
Doris Kunschmann

FALKEN
Taschenbuch

Im FALKEN Verlag sind eine Reihe von Titeln zum Thema Karneval erschienen.
Sie sind überall erhältlich, wo es Bücher gibt.

Sie finden uns im Internet: **www.falken.de**

Dieses Buch wurde auf chlorfrei gebleichtem
und säurefreiem Papier gedruckt.

Der Text dieses Buches entspricht den Regeln
der neuen deutschen Rechtschreibung.

ISBN 3 635 60676 6

Umschlaggestaltung: Rincón² Design & Produktion GmbH, Köln
Herstellung: Doris Wieke, Wiesbaden; Christina Dinkel
Illustrationen: Assen Münning, Wiesbaden
Redaktion: Doris Wieke, Wiesbaden
Koordination: Regine Gamm
Satz: WIEKEtext, Wiesbaden
Druck: Freiburger Graphische Betriebe GmbH, Freiburg

817 2635 4453 6271

Inhalt

Zwiegespräche

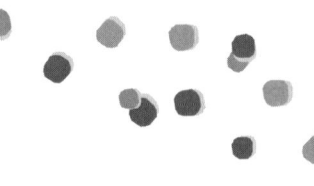

Vorwort

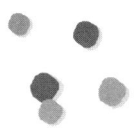

Die „fünfte Jahreszeit". Seit jeher wird sie ungeduldig erwartet, freudig begrüßt und voller Einsatz gefeiert. Da wird gezecht, getanzt und gelacht, dass sich die Balken der Festsäle biegen. Manch einer geht nur zu der einen oder anderen „Sitzung", andere stehen seit dem 11.11. unter Dampf und sinken erst am Aschermittwoch ermattet in sich zusammen. Es ist aber auch wirklich eine schöne Zeit: Trinken ist erlaubt, Essen ist erlaubt und Fremdküssen erst recht. So manche Süße ritzt Kerben in den Bettpfosten, so mancher Narr braucht ein neues Telefonbuch – in der närrischen Zeit ist eben vieles erlaubt, was sonst strenger gesehen wird. Da darf man dem kessen „Engel" von nebenan schon mal ins Ohr flüstern, dass er wirklich ganz entzückende Flügel hat und so mancher „Klosterbruder" erfährt, dass sein muskulöser Bauch ungeheuer anregend auf die Damenwelt wirkt. In dieser besonderen Zeit lieben die Männer und die Frauen einander sehr, nur verquer. Sie sind voller Wagemut und Toleranz, doch das ist durchaus nicht immer so. Im Alltag weht ein anderer Wind: Da wird gestritten und beleidigt, gezofft und selten nur gelacht. Sie ist zänkisch, er ist dröge und überall gibts Ehefrust. Wen wundert es da, dass die „Beziehungskisten" in Büttenreden genussvoll auseinander genommen werden. Mal klagt sie über den Muffelgatten, mal er über die herrische Alte … Gehört wird sowas immer gern; hat doch jeder selbst so seine Erfahrungen und Meinungen zum Thema Liebe, Ehe, Zweisamkeit. Falls Sie selbst etwas zum Thema suchen, werden Sie auf den nächsten Seiten garantiert etwas Passendes finden.

Der ewige Pechvogel

Vielleicht treiben Sie irgendwo einen etwas zu kleinen Anzug auf, der Sie so richtig Mitleid erregend aussehen lässt. Ein T-Shirt mit der Aufschrift „Pechvogel" ist eine andere Variante.

Ich habe ja vielleicht ein Pech! Ich habe ja nie an fliegende Untertassen geglaubt, bis ich eines Tages der Kellnerin in den Po kniff.

Aber ich habe ja sowieso kein Glück bei den Frauen. Die erste ist mir weggelaufen, aber was viel schlimmer ist, die zweite ist geblieben! Ja, ich bin schon ein Pechvogel.

Ich erinnere mich noch genau, wie ich das erste Mal auf Brautschau ging. „Ach", habe ich meiner Liebsten ins Ohr geflüstert, „oh, mein Schatz, ich liebe dich ganz schrecklich." Meinte sie: „Das stimmt! Aber mach dir da mal keine Sorgen, ich werde dir schon zeigen, wie man es richtig macht!" Wir haben uns aber dann doch getrennt. Der Anlass unserer Trennung hatte religiöse Gründe – ich war pleite, und sie betete das Geld an.

Einmal wäre ich ja beinahe bei meiner Brautschau auch noch ins Gefängnis gekommen. Ja, ich bin schon ein Pechvogel. Ich wollte die Braut entführen und hatte in der Eile nur die Mitgift erwischt.

Unsere Hochzeitsreise haben wir mit der Bahn gemacht. Ich sitze mit meiner Frau im Abteil, neben uns eine ältere Dame. Plötzlich tropft es aus dem Gepäcknetz. Ich strecke die Zunge vor und koste. „Mmh", meine ich zu der Dame neben mir, „Scotch?" – „Ja", sagt sie, „Scotch-Terrier!" Ja, ich bin schon ein Pechvogel.

Als wir an der Nordsee ankamen, waren wir natürlich sehr oft am Strand. Fragte mich meine Frau: „Freust du dich denn nicht, dass ich so gut tauchen kann?" – „Ja, schon", entgegnete ich verstimmt, „aber du tauchst ja immer wieder auf!"

Dann sah ich am Strand vielleicht eine Schönheit! Einfach Klasse, kann ich Ihnen sagen. Ich pirschte mich vorsichtig an das süße Mädchen heran, legte blitzschnell meine Arme um die Schöne und küsste sie. Zack! – Holte sie aus, und ich hatte eine gewaltige Ohrfeige abbekommen. „O, pardon", habe ich gesagt, „ich dachte, Sie wären meine Schwester!" Da zischte die mich an: „Das bin ich auch, du Idiot!" Ja, ich habe schon ein Pech!

Sie können an den Textstellen „Pechvogel" auch wortlos ein Schild mit der Aufschrift „Pechvogel" hochhalten und dazu ein trauriges Gesicht machen.

Aber dann habe ich doch noch eine ganz reizende Strandbekanntschaft gemacht, die hat mich täglich mit Sonnenöl massiert, bis ich grün und blau war. Ja, ihr Verlobter hat uns leider plötzlich überrascht. Ich bin schon ein rechter Pechvogel. Aber dann ist sowieso meine Frau wieder aufgetaucht und unsere Hochzeitsreise war zu Ende.

Ich kann Ihnen was sagen, ich habe schon am Dach zwei große Blitzableiter anbringen lassen. Aber wenn ich nachts nach Hause komme, gibt es trotzdem ein Donnerwetter!

Erst neulich: Bevor ich zum Skatabend ging, habe ich noch mal aus dem Fenster geschaut und zu meiner Liebsten gesagt: „Liebling, in der Nacht wird es sicher ein Unwetter geben!" Meinte sie: „Nicht, wenn du rechtzeitig nach Hause kommst!"

Kam ich dann doch vom Stammtisch ausnahmsweise etwas später nach Hause als sonst. Leise schlich ich die Treppe hinauf. Machte extra kein Licht an, um niemanden zu wecken. Plötzlich prasselten die Schläge eines kräftig geschwungenen Teppichklopfers auf mich nieder. Dann ging das Licht an. „Entsetzlich!" hörte ich eine Frauenstimme, „Sie sind ja gar nicht mein Mann. Sie wohnen ja zwei Treppen über uns. O, das tut mir jetzt aber schrecklich Leid." Habe ich gesagt: „Das nützt

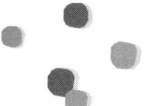

mir nicht viel, gehen Sie bitte mit mir hinauf und sagen Sie meiner Frau, dass ich die Sache schon hinter mir habe!" Aber so schnell war ich mit der Sache nicht fertig. Ja, ich habe vielleicht ein Pech. Es ist was zurückgeblieben und ich musste ins Krankenhaus. Als ich zur Operation vorbereitet wurde, meinte die alte Operationsschwester zu mir, ein richtiger Drachen: „Ja, lieber Mann, wenn Sie hübsch artig sind, werde ich Ihnen vor der Operation ein Küsschen geben." – „Was?" fragte ich erschrocken, „ist Ihnen etwa das Narkosemittel ausgegangen?"

Als ich aus dem Krankenhaus entlassen wurde, bin ich erst mal in ein Blumengeschäft gegangen. Ich sagte zur Verkäuferin: „Ich hätte gerne hundert Rosen, bitte!" Die Verkäuferin schlug entsetzt die Hände über dem Kopf zusammen und sagte: „Himmel noch mal, was haben Sie bloß angestellt!" Ach, was hat sich meine Frau gefreut. Aber lange hat der Frieden nicht gehalten. Ja, ich bin schon ein Pechvogel. Was mir passiert ist! Habe ich mir doch beim Beten ein blaues Auge geholt. Ja, in Echt! Als wir das Vaterunser beteten, muss ich wohl an der Stelle „und erlöse uns von dem Bösen" meine Frau angesehen haben, und das hat die gründlich missverstanden!

Also mit unserer Wohnung, da haben wir ja auch ein Pech! Dauernd regnet es rein. Da habe ich aber den Hausbesitzer angerufen. Habe ich gesagt: „Also hören Sie mal, die Zimmerdecken in meiner Wohnung sind so undicht, dass es uns vor allem jetzt bei diesem fürchterlichen Wetter jeden Tag ins Essen regnet. Wie lange soll das denn noch dauern?" Meinte der Hausbesitzer: „Keine Ahnung, ich bin doch kein Wetterprophet!"

Gestern klingelte einer an meiner Tür. Ich machte auf, stand da einer und sagte: „Guten Tag, mein Herr, ich vertrete Zahnpasta." – „Ist ja toll!", habe ich geantwortet, „aber bitte nicht auf meinem Teppich!"

Der war noch gar nicht lange weg, da schellte es schon wieder. Ich ging zur Tür, stand da einer und sagte: „Guten Tag, ich bin von der Zentralgarage geschickt worden, um unter Ihrem Wagen einen neuen Auspuff anzubringen." Habe ich geantwortet: „Das muss ein Irrtum sein, ich habe keinen Monteur bestellt." – „Ja", meinte er, „Sie nicht, aber Ihr Nachbar!"

Versuchen Sie den Gestus des „armen Würstchens" durchzuhalten!

Ja, ich bin schon ein Pechvogel. Meine Bank muss vor der Pleite stehen. Heute habe ich einen Scheck über 800 Mark vorgelegt und sie mussten zugeben, dass er nicht gedeckt ist.

Aber da ist es ja ein Glück, dass ich gar nicht abergläubisch bin. Ich würde zum Beispiel ohne jede Hemmung an einem Freitag, dem 13., in Gegenwart einer schwarzen Katze, unter einer Leiter stehend und mit der linken Hand einen Scheck über dreizehntausend Mark entgegennehmen.

Zum Schluss noch ein Rätsel: Was ist ein 2CV mit einem chinesischen Nummernschild? Eine Pekingente!

Heiraten ist immer ein Risiko

Spielen Sie die vom Glück enttäuschte und beklagenswerte Ehefrau und lassen Sie das während Ihrer Rede deutlich genug und immer wieder anklingen.

Wär das eine Freude, wenn ich von meinem Mann auch einmal so leidenschaftlich empfangen würde wie hier von Ihnen. Hier weiß man wenigstens, dass man willkommen ist. Hoffentlich werden Sie für Ihre Vorschusslorbeeren nicht enttäuscht.

Eigentlich wollte ich gar nicht hier erscheinen, aber wie ich sehe, sind Sie ja doch gekommen.

Wir wollen heute sehr lustig sein! Aber ich sehe schon schwarz. Meine Großmutter hat immer gesagt: Feste feiern ist angenehmer als feste arbeiten. Da hinten in der letzten Reihe sehe ich einen Herrn dauernd lachen. Das scheint ein Optimist zu sein. Optimismus ist, wenn einer vom fünfundzwanzigsten Stockwerk hinunterfällt und sich beim fünfzehnten Stock sagt, eigentlich ist mir noch gar nichts passiert.

Aber wenn Sie wüssten, was mir schon alles passiert ist, dann würden Sie die Hände über dem Kopf zusammenschlagen. Dann kämen Sie aus dem „Händeklatschen" gar nicht mehr heraus.

„Gratuliere, junge Dame! Heute wird Ihr glücklichster Tag sein.", sagte seinerzeit mein Chef zu mir. Verlegen stotterte ich: „Ja, aber ich heirate doch erst morgen?" – „Eben drum, Frau Müller, eben drum!"

Wirklich schade, meine Damen, dass Sie meinen Mann nicht kennen. Nun, stellen Sie sich einen Mann vor: schlank, muskulös, braun, schön, romantisch, geistreich, strebsam, arbeitsfreudig, ehrlich, voll Güte, zärtlich, sanft und nachgiebig, groß, mit dichtem vollen Haar – und genau das Gegenteil davon, das ist er. – Als er kürzlich auf der Personenwaage stand, sagte ich: „Tja,

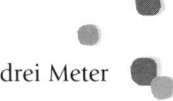

mein Lieber, für dein Gewicht müsstest du drei Meter achtzig groß sein."

Mein Mann ist täglich viermal selig. Morgens geht er trübselig zum Dienst. Bei der Arbeit ist er saumselig, nach Dienstschluss glückselig und abends bierselig.

Als mich meine Mutter damals fragte, wen ich denn gerne heiraten möchte, sagte ich: „Am liebsten den Karl." – „Nee, Kind", meinte meine Mutter, „nimm den nicht, der säuft zu viel, und das wird später immer schlimmer." – „Dann den Rudi!", freute ich mich. Meine Mutter schüttelte den Kopf: „Den auch nicht. Der lügt und stiehlt, und das wird auch immer schlimmer." – „Dann nehme ich den Erich!" frohlockte ich. – „Ach den?", räusperte sich meine Mutter. „Der dir immerzu unter die Röcke fasst? Ja, den kannst du ruhig nehmen, denn das lässt in der Ehe nach!"

Mein Erich war ein richtiger Gentleman. Bevor er mich küsste, nahm er immer die Pfeife aus dem Mund. Einmal fragte ich ihn: „Erich, liebst du mich?" Darauf antwortete er: „Ja, gleich, ich muss erst ein Handtuch übers Schlüsselloch hängen!"

Wir haben uns durch die Zeitung kennen gelernt, und zwar durch folgende nette kleine Annonce: „Schwiegermutter gesucht! Netter junger Mann, 37 Jahre, sucht bei nicht unbemittelter Mutter einer reizvollen Tochter Stelle als Schwiegersohn." Das war unser Anfang vom Ende.

Präparieren Sie eine Zeitung so, dass sie alt und zerlesen aussieht. Aus ihr können Sie dann die Annonce „zitieren".

Dann kam er wochenlang zu mir und meinen Eltern zum Abendessen. Er konnte sich aber nicht dazu durchringen, endlich um meine Hand anzuhalten. Schließlich wurde es meinem Vater zu dumm, und so sagte er eines Abends: „Junger Freund, Sie kommen nun schon seit Wochen zum Essen zu uns. Sie können uns jetzt ruhig sagen, was Sie wollen." Darauf antwortete mein

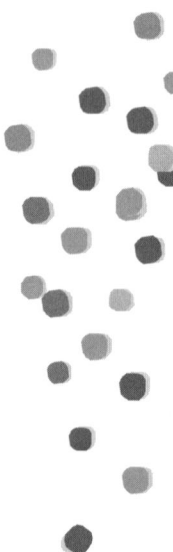

Erich: „Gut, dann möchte ich gern mal Hasenbraten mit Rotkraut."

Dieses Essen gab es dann an unserem Hochzeitstag. Spät abends packte mich mein frischgebackener Ehemann, trug mich über die Türschwelle, warf mich aufs Bett, schaltete den Fernseher an und sagte: „Schön, du hast mich so lange warten lassen, bis wir verheiratet waren. Ich glaube nicht, dass es eine Zumutung ist, dich nun warten zu lassen, bis das Fußballspiel vorbei ist."

Als ich am nächsten Morgen erwachte, sah ich meinen Mann mit einem Tablett ins Schlafzimmer kommen. Darauf standen das Kaffeegeschirr, ein erstklassiger Kaffee-Hag, zwei weiche Eier, frische Brötchen, Butter, Honig und Marmelade. „Ach, wie lieb von dir, Erich!", rief ich entzückt. „Wie herrlich ist es doch verheiratet zu sein." – „Ja", erwiderte mein Angetrauter, „ich habe jetzt genau das gemacht, was du von nun an jeden Morgen zu erledigen hast!"

Die nächsten drei Monate ist er überhaupt nicht zur Arbeit gegangen. Wenn ich ihn darauf mal ansprach, meinte er nur: „Liebling, ich kann dich doch hier nicht allein lassen." Aus Rücksichtnahme blieb er bis mittags im Bett liegen. Er wollte mir bei der Arbeit nicht im Wege stehen. Einmal kam ich zu ihm ins Schlafzimmer und beklagte mich. Da tröstete er mich mit den Worten: „Schon gut, schon gut, wenn ich dir versprochen habe, das Geschirr zu spülen, dann halte ich das auch. Also bitte, bring es herein."

Einmal überraschte ich meinen Mann, als er unsere Hausgehilfin auf dem Arm hatte. Ärgerlich darüber rief ich: „Jetzt bist du wohl nicht krank? Aber wenn du den Mülleimer runtertragen sollst, dann stöhnst du."

Als unsere Perle sich seinerzeit bei mir vorstellte, fragte ich: „Lieben Sie Kinder?" – „Na, ja", meinte sie etwas gedehnt, „ich würde es aber vorziehen, wenn der Hausvorstand aufpasst!"

Das war eine ganz Schlimme, denn sie brachte mir immer Männer mit in die Wohnung.

Mein Biologielehrer sagte früher immer: „Man sieht jetzt nur noch selten Störche. Aber das ist kein Wunder, weil kaum noch ein Mensch an sie glaubt."

Unsere ersten Kinder waren Zwillinge. Einmal fragte mich die Nachbarin: „Wie halten Sie die beiden nur auseinander?" – „Ganz einfach", antwortete ich, „der eine hat die Mandeln 'raus!"

Hier können Sie mit Requisiten spielen und Familienfotos zeigen.

„Alle Nachbarn beklagen sich über unseren Jungen.", sagte ich mal zu meinem Mann. „Und leider haben sie recht, der Bengel ist zu frech!" – „Dann werde ich ihm eben ein Fahrrad kaufen", erwiderte mein Mann gelassen. Ich staunte: „Glaubst du, dass er dann sein schlechtes Benehmen ablegen wird?" – „Das nicht, aber er wird es auf einen größeren Raum verteilen."

Das große Mundwerk hat der Bengel von seinem Vater geerbt. Einmal mussten wir den Doktor zu meiner Mutter rufen. „Rainer", sagte der Arzt, als er das Krankenzimmer verließ, „deine Oma ist sehr, sehr krank. Sag ihr etwas recht Freundliches." – Da sauste Rainer an das Bett der Oma und sagte: „Willst du mit Musik begraben werden, Oma?"

Mit den beiden Mädchen habe ich eigentlich wenig Ärger gehabt. Kürzlich war ich wegen ein paar Erinnerungsfotos beim Fotografen. „Ich möchte gern meine Töchter fotografieren lassen", sagte ich. „Kann ich machen", erwiderte dieser. „Ich würde Ihnen vorschlagen, es so zu machen, wie es die meisten Eltern wünschen. Zuerst ein paar Aufnahmen in kurzen Hemdchen, die gerade noch bis zum Po reichen, dann ein paar Fotos auf dem Töpfchen, die wirken immer und sind bestimmt ganz lustig." – „Von mir aus", erwiderte ich etwas unsicher. „Aber das müssen Sie meinen Mädels schon selber sagen. Die eine ist zweiundzwanzig, die andere einunddreißig!"

Die Vortragende holt einen Brief aus der Tasche und entfaltet ihn.

Die Zweiundzwanzigjährige macht mir zur Zeit viel Kummer. Ich habe deshalb schon folgenden Brief an Frau Irene geschrieben: „Ich bin der Verzweiflung nahe, weil meine Tochter einen Mann heiraten will, der schon einmal im Gefängnis war, drei uneheliche Kinder in die Welt gesetzt hat und außerdem säuft. Wie kann ich sie nur davon abhalten, ihn zu heiraten? Und, bitte, auf welcher Seite sitzt die Brautmutter in der Kirche?"

Als ihr der Doktor eröffnete, dass sie ein Kind erwartet, war sie entsetzt. „Ich kann nicht mehr nach Hause.", schluchzte sie. „Meine Mutter wird entsetzt sein, wenn sie davon erfährt." Darauf meinte der greise Arzt begütigend: „Sie können unbesorgt sein, liebes Kind. Ich habe Ihre Frau Mutter gekannt, ich habe auch Ihre Frau Großmutter gekannt – gehen Sie nur ruhig heim und erzählen Sie alles."

Nachdem mein Mann davon erfuhr, wurde er böse. Er brüllte los: „Was höre ich? Du kriegst ein Kind? Habe ich dir nicht immer geraten, nein zu sagen?" – „Hab ich ja auch, Vati.", heulte Susi. „Als Jürgen mich fragte, ob ich was dagegen hätte, habe ich laut und deutlich nein gesagt!"

Eines Tages stand der reiche Vater dieses jungen Mannes in der Tür. Er beschwor mich auf den Knien, nicht auf einer Heirat zu bestehen. Er werde großzügig für das Kind sorgen: „Wenn es ein Junge wird, werde ich für ein Studium bezahlen, bei einem Mädchen für eine reichliche Aussteuer!" sagte er. Darauf entgegnete ich: „Und wenn es nun eine Fehlgeburt wird, lieber Mann, dürfen wir dann Ihren Herrn Sohn noch einmal bemühen?"

So sind die Herren der Schöpfung. Sie denken nur an ihr eigenes Wohlergehen. Dabei ist es doch so: Erst die Frau ist es, die dem Manne das Leben schenkt. Meine Mutter sagte immer: „Ehemänner sind wie Gärtner, denn sie wissen, was ihnen blüht."

Aber damals konnte ich ja wirklich noch nicht ahnen, was mir alles noch blüht. Sie wissen ja, die Ehe ist eine Schlacht, die auf nur wenigen Quadratmetern Kriegsschauplatz entschieden wird.

So kam, was kommen musste, denn eines Tages standen wir vor dem Scheidungsrichter. Der Richter sagte streng: „Ihre Frau behauptet, Sie hätten sie seit einem Jahr völlig ignoriert?"

„Das ist eine infame Lüge, Herr Richter", wandte mein Mann ein, „ich habe mit ihr seit einem Jahr weder gesprochen, noch sie auch nur angesehen, geschweige denn ignoriert!"

Darauf wandte sich der Richter an mich. Er sagte: „Frau Müller, warum wollen Sie sich denn unbedingt scheiden lassen?" Ich erwiderte darauf: „Nach jedem Ehestreit legt sich mein Mann vollständig angezogen ins Bett." – „Aber das ist doch kein Scheidungsgrund", meinte der Richter. Da gab ich zu bedenken: „Vergessen Sie bitte nicht, dass mein Mann Schornsteinfeger ist!"

Glücklicher Ehemann

Ehen werden doch im Himmel geschlossen. Ja, sicher! Was meinen Sie wohl, warum die Ehemänner hinterher immer aus allen Wolken fallen?

Aber bevor ich heiraten konnte, musste ich ja erst mal auf Brautschau gehen. Das war gar nicht so einfach, kann ich Ihnen sagen. Hatte ich mal ein wirklich tolles Mädchen gefunden, bin ich zu ihrem Vater gegangen und habe gesagt: „Ich rauche nicht. Ich trinke nicht. Ich rühre keine Karten an, und darum bitte ich Sie um die Hand Ihrer Tochter." Meinte ihr Vater: „Das kommt gar nicht in Frage!" – „Aber warum wollen Sie mir denn Ihre Tochter nicht geben?" fragte ich ganz entgeistert. „Ja, das ist doch wohl klar!" antwortete er mir. „Meinen Sie etwa, ich lasse mir meinen Schwiegersohn immer als gutes Beispiel vor Augen halten!"

An passender Stelle können Sie immer ein Schild mit der Aufschrift: „Glücklicher Ehemann!" hochhalten.

Schließlich habe ich dann aber eine andere kennen gelernt. Als wir mal so richtig zärtlich wurden, habe ich sie gefragt: „Sag mal Schätzchen, hast du eigentlich vor mir schon jemals einen Mann geliebt?" – „Geliebt?" meinte sie. „Eigentlich nicht! Ich habe wohl schon Männer bewundert wegen ihrer Kraft, wegen ihrer Gewandtheit oder wegen ihrer Intelligenz, wegen ihres Äußeren oder wegen ihres Muts, aber in deinem Fall ist es schon Liebe, sonst nichts!" Nachher meinte sie: „Wenn wir erst verheiratet sind, werde ich alle deine Sorgen mit dir teilen." – „Aber, Schatz", habe ich geantwortet, „ich habe doch gar keine Sorgen!" Meinte sie: „Ich sagte doch, wenn wir verheiratet sind!"

Als wir eine Wohnung suchten, sind wir auch zu einem Immobilienmakler gegangen. Der meinte zu uns: „So, zuerst sagen Sie mir, wie viel Geld Sie für die Miete ausgeben können, dann lachen wir herzlich darüber und sehen weiter!"

Wir haben uns dann aber doch eine Wohnung angesehen. Als wir zur Küche kamen, meinte meine Frau: „Ach je, ist die Küche aber winzig!" Habe ich gesagt: „Aber das macht doch nichts mein Schatz, das ist halb so schlimm! Dann bleibe ich einfach im Wohnzimmer, während du das Geschirr abwäschst!"

Nach der Hochzeit meinte sie: „So, jetzt muss ich sofort ausprobieren, wie mein neuer Name geschrieben wird! Hast du einen Scheck da, Schätzchen?"

Was habe ich für eine verständnisvolle Frau! Erst gestern hat sie noch zu mir gesagt: „Ach, Heinz, an deinem Geburtstag brauchst du die Wohnung doch nicht feucht aufzuwischen, mach es morgen!"

Und schlau ist meine Frau! Die wartet erst, bis ich in der Badewanne liege. Dann kommt sie an und sagt: „Schatzi, ich brauche noch mehr Haushaltsgeld!" Wenn ich dann frage: „Warum musst du mich denn damit in der Badewanne belästigen?" meint sie immer: „Weil du sonst wieder sagst, du säßest auf dem Trockenen!"

Und auf meine Sachen, da gibt sie ja unheimlich acht. Ja, sie sagt immer: „Wie du als Junggeselle rumgelaufen bist, ist mir egal! Aber jetzt dulde ich keine Löcher mehr in den Socken! Stopf sie dir gefälligst!"

Das Namensgedächtnis meiner Frau ist einfach sagenhaft! Hatten wir doch jüngst meinen Chef zum Essen eingeladen. Ich komme mit dem fertigen Braten ins Wohnzimmer, da höre ich gerade noch, wie sie sagt: „Also, mein Mann hat mir schon viel von Ihnen erzählt, Herr Armleuchter."

Das hat vielleicht Zoff gegeben! So einen Streit, das war Wahnsinn! Als ich mit meinem Vater darüber sprach,

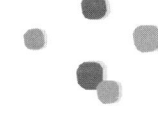

Hier können Sie Stopfpilz und Socke demonstrativ aus der Hosentasche ziehen. Der kluge Mann hat eben immer alles dabei!

tröstete er mich: „Alle jungen Ehepaare streiten sich. Deine Mutter und ich hatten zwei oder drei ernste Streitigkeiten, bis wir darauf kamen, dass grundsätzlich ich im Irrtum bin!"

Mit der Zeit bin ich ruhiger geworden und die Wogen haben sich geglättet. Prompt stellte sich auch was Kleines ein. Eine Tochter! Dabei hatte ich so sehr auf einen Jungen gehofft. Er sollte mir im Haushalt beistehen.

Der Junge ist dann doch noch gekommen. Aber was die Hilfe im Haushalt betrifft, da kommt er ganz nach seiner Mutter. Einmal kam er aus der Schule und sagte: „Wir mussten heute in der Schule einen Aufsatz darüber schreiben, wie unsere Eltern sich kennen gelernt haben." – „Oh", meinte ich, „wie gut, dass ich dir mal erzählt habe, dass es auf einer Berghütte war. Was hast du denn für eine Überschrift geschrieben?" – „Na", meinte er, „das war doch ganz einfach! Ich habe geschrieben: ‚Opfer der Berge'!"

Vor ein paar Wochen war ich beim Arzt. Ich sagte: „Ich will das Rauchen aufgeben, Herr Doktor!" – „Da brauchen Sie aber einen eisernen Willen." – „Das ist kein Problem.", antwortete ich. „Den eisernen Willen, den hat meine Frau!"

Meine Tochter ist auch nicht besser. Hörte ich sie doch vor kurzem zu meiner Frau sagen : „Ich hätte ja wirklich mehr Vertrauen in deine Ratschläge, Mutti, wenn du Papa nicht geheiratet hättest!"

Tschüs zusammen.

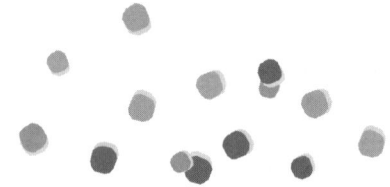

Der Tünnes als Ehemann

Drum prüfe, wer sich ewig bindet, ob sich nicht noch was Bessres findet! Ach, hätte ich doch nur auf diesen guten Rat gehört. Aber jetzt ist alles zu spät, ich bin unschuldig verheiratet.

Manchmal habe ich den Eindruck, diese Frau hat man extra für mich aufbewahrt. Was die alles mit in die Ehe gebracht hat, war ein schwerer Haufen Zeug. Sich selbst mit ca. 100 Kilo. Einen hoffnungsvollen Sohn und eine Tochter, die voller Hoffnung war. Als Zugabe noch meine nagelneue Schwiegermutter. Ich werde das Gefühl nicht los, dass die alle von einer Geisterbahn ausgerissen sind.

So ein Vortrag ist auch für andere gesellige Zusammenkünfte gut geeignet, z. B. für einen Geburtstag, einen Kegelabend oder ein Betriebsfest.

Neulich kommt der Sohn aus der Schule und sagt: „Du Papa, die Mama isst bestimmt zu viel. Die wird ja von Tag zu Tag dicker!" Ich sage: „Das kommt nicht nur vom Essen. Du bekommst bald ein Schwesterchen oder ein Brüderchen. Und da wird die Mama leicht etwas fülliger." – „Ah", sagt der Junge, „jetzt weiß ich auch, warum unser Pastor so dick ist. Der hat nämlich gesagt, wir bekämen einen neuen Kaplan."

Meine Frau stellt sich jeden Tag auf die Waage. Aber immer nimmt sie den Hund mit. Dieser Tage hörte ich, wie sie sagte: „Verdammt, hat der Köter schon wieder ein Kilo zugenommen!" Auf den Hund ist sie ganz verrückt. Sie rennt mit dem Vieh von einer Ausstellung zur anderen. Einmal hat sie den ersten Preis bekommen. Eigentlich sollten ja die Hunde prämiert werden! Aber jetzt will sie abnehmen. Sie hat quer durch unsere Wohnung einen Trimmpfad angelegt. Wenn die mit aufgeblendeten Scheinwerfern durch die Wohnung rast, dann müssen wir die Möbel an die Kette legen. Am Sonntag kam unser Untermieter und sagte: „Könnt ihr heute einmal mit dem Turnen aussetzen? Bei uns in der Wohnung ist alles am Zittern, wir bekommen den Pudding nicht steif."

Den Papagei-Text können Sie durch kräftiges Krächzen naturalistisch gestalten.

Wünsche hat meine Frau. Neulich wollte sie unbedingt einen Papagei haben. Ich habe ihr einen gebrauchten gekauft. Jedesmal wenn einer zu Besuch kam, schrie das Biest: „Ich bin ein Freudenmädchen, ich bin ein Freudenmädchen!" Am Sonntag kam plötzlich der Herr Pastor ins Zimmer. Schon plärrte der Papagei los: „Ich bin ein Freudenmädchen!" Entsetzt sagte der fromme Mann: „Was muss ich denn da hören? Geben Sie mir das Tier einmal mit. Den werden wir schon bekehren, ich habe selber zwei Papageien zu Hause, die sprechen den ganzen Tag nur fromme Bibelsprüche." Als der Pastor in seine Wohnung kam, schrie unser Vogel schon los: „Ich bin ein Freudenmädchen!" Da sagte einer von den zwei Frommen: „Koko, leg die Bibel weg, unser Gebet ist erhört worden."

Meine Schwiegermutter ist auch so ein Einzelstück. Die achtet nur auf die Linie, wenn sie mit der Straßenbahn fahren muss. Neulich sollte sie beim Zahnarzt den Mund aufmachen. Also, wenn die ihren Mund so richtig aufmacht, dann bringt unsere Katze ihre Jungen in den Keller. Die hatte ihren Bagger so weit aufgerissen wie ein Nilpferd. Meinte der Doktor. „Bitte, nicht so weit, gnädige Frau, es muss ja nur die Zange hinein, ich selbst will ja draußen bleiben!" Dann wollte er ihr die Mundhöhle ausleuchten. Sie sagte: „Herr Doktor, meinen Krankenschein brauchen Sie da nicht zu suchen, den habe ich in meiner Handtasche."

Ihr habt gut lachen, aber ich hab meistens Pech. Wie meine Frau am Heiligen Abend zur Christmette ging, sagte sie: „Du, Tünnes, wenn es dir zu langweilig wird, dann kannst du ja schon den Baum anzünden." Das hätte sie besser nicht gesagt. Denn als sie aus der Kirche kam, war die Feuerwehr gerade die Schläuche am einrollen. Meine Frau schimpfte mächtig los: „Du musst aber auch alles wörtlich nehmen." – „Reg dich doch nicht so furchtbar auf," sagte ich, „du wolltest ja sowieso neu tapezieren."

Wenn das Unglück einen trifft, dann kommt es meistens knüppeldick. Gestern fällt meine Frau die Treppe hinunter. Was ist passiert? Nix! Heute fällt mir meine letzte Flasche Korn auf den Boden. Prompt ist die Flasche kaputt!

Wie ich vorige Woche zum Kegeln ging, sagte meine Frau: „Du gehst zum Kegeln? Denke daran, in einer Woche ist die Miete fällig." Ich sagte: „Wo denkst du hin, dann bin ich doch längst wieder zurück."

Aber jetzt ist es aus mit dem Kegeln. Ich kann mich nicht mehr bücken. Die Alte hat mir die Unterhosen gestärkt. Dabei bin ich mit der durch Dick und Dünn gegangen!

Schön ist meine Frau ja nicht, aber sie kocht so gut. Ja, die kann Kartoffeln auf fünf verschiedene Arten anbrennen lassen. Ich habe mir damals gesagt: Nimm sie trotzdem, du musst ja länger essen als küssen.

Am liebsten möchte ich ja meinen Kummer ertränken, aber die Alte will absolut nicht ins Wasser gehen. Helau!

Doof Nuss im Ehestress

Die Liebe!

Für Liebe sagt man auch amore. Man kann auch viele Doppelwörter bilden: Liebeskummer, Liebesgabe, Liebestrank und, und, und.

Versuchen Sie hier den biederen, selbstzufriedenen Typ zu geben. Strickweste und Hausschuhe können da hilfreich sein.

Lieben ist ein Tätigkeitswort,
bei Verlobten ein Verhältniswort,
bei Verheirateten ein Bindewort,
bei älteren Menschen ein Fremdwort,
bei jungen Mädchen ein Umstandswort,
und bei meinem Vater war es ein Zahlwort.

Bevor ich mit meinem Vortrag beginne, möchte ich vorsorglich darauf hinweisen, dass der Applaus auch in fleißiger Form spendiert werden kann!

Ja, wissen Sie, heute ist mein zehnter Hochzeitstag. Das ist also gewissermaßen der zehnte Jahrestag der Machtergreifung durch meine Frau.

Na ja, Sie kennen das, meine Herren. Wir Männer suchen immer nach der idealen Frau und heiraten dann inzwischen.

Eine Ausnahme von dieser Regel hat eigentlich nur der Siegfried gemacht. Der hatte nämlich den Kampf mit dem Drachen zuerst, und dann hat er geheiratet.

Aber die Hauptsache ist ja, dass ich mich mit meiner Frau gut verstehe. Schon von Anfang an sind wir sehr gut verheiratet. Wenn wir mal weinen wollen, müssen wir ins Kino gehen. Ganz im Gegensatz zu unserer Nachbarschaft. Da ist immer Zank und Streit. Also, bei uns auf dem Flur wohnt noch ein Ehepaar, da ist immer Krach. Bei denen ist vor gut vier Wochen der Ölofen explodiert, und durch den Luftdruck sind die beiden zusammen zum Fenster rausgeflogen. Da sagte meine Frau zu mir: „Das ist auch das erste Mal, dass ich die zwei zusammen ausgehen sehe."

Wissen Sie, bei uns gibt es ja auch ab und zu kleine Differenzen. Die werden aber immer schnell bereinigt. Wenn wir mal so einen kleinen Disput haben, wird das eheliche Gleichgewicht schnell wieder hergestellt. Ein Beispiel: Meine Frau nahm blitzartig die Ziervase vom Klavier und feuerte sie nach mir. Ich riss ein Ölgemälde von der Wand und knallte es ihr auf den Mörser – dann war Ruhe. Unser Nachbar kam dazu und sagte: „Was ist denn heute bei Ihnen für ein Krach? Streitet Ihr?" Ich habe darauf geantwortet: „Sie verstehen uns miss. Wir sind nur bei den bildenden Künsten. Wir beschäftigen uns gerade mit Bildhauerei."

Aber die Hauptsache ist ja, dass meine Frau gut kochen kann. Bei uns wird nicht gespart. Wenn meine Frau mal Frikadellen macht – also höchstens vier Brötchen, ja – das andere ist alles Fleisch.

Wie meine Frau das erste Mal Pfannkuchen gemacht hat, da ist ihr irgend etwas danebengegangen. Also, wie ich nach Hause kam, und die hat mir die Dinger serviert, da habe ich drauf herumgekaut und gesagt: „Liebe Frau, was du da gemacht hast, das kann man mit dem besten Willen nicht essen." Ja, es hat ein Wort das andere ergeben, es gab Streit, hin und her. Um dem Streit ein Ende zu machen, habe ich das Fenster aufgemacht und die Dinger in den Hof geschmissen. Da fängt meine Frau an zu heulen und sagt: „Heini, du liebst mich nicht mehr. Weißt du nicht, was der Pfarrer bei unserer Trauung gesagt hat?" – „Nein", sagte ich, „es ist schon zu lange her." „Er hat ausdrücklich gesagt: Die Liebe duldet alles, die Liebe trägt alles, die Liebe leidet

Man sollte immer spüren, dass Sie eigentlich ganz zufrieden mit Ihrer Ehe sind, auch wenn Sie mal was gegen Ihe Angetraute sagen.

alles." – „Ja", sagte ich, „er hat aber nicht gesagt: Die Liebe frisst alles."

Während wir noch bei diesem Disput sind, kommt der Sohn von unserem Hausherrn rauf und sagt: „Ich soll Ihnen einen schönen Gruß von meinem Vater sagen, und Sie sollen nicht immer die alten Schuhsohlen in den Hof werfen."

Sehen Sie, so glücklich sind wir verheiratet. Nach und nach hat sich dann bei uns der Familienzuwachs eingestellt. Zuerst kamen drei Töchter, und dann kam endlich unser Stammhalter an. Wie ich auf das Standesamt gegangen bin, sagt der Beamte zu mir: „Wie soll denn der Sohn heißen?" Ich sag: „Nelkenheini". Da sagt der Beamte zu mir: „Das geht doch nicht. Nelkenheini ist doch kein Name für einen Jungen." – „Ja", sag ich, „warum soll das nicht gehen? Meine Tochter heißt doch auch Rosemarie."

Bei uns hat jeder in der Ehe so seine Passion. Die Passion von meiner Frau ist das ständige Sauberhalten der Wohnung. Also, die ist den ganzen Tag mit dem Staublumpen unterwegs. Ich kann Ihnen sagen, wenn ich nur einmal dreckig lache, kommt die schon mit dem Staublumpen. Nun ja, mit den Jahren wird man einsichtig. Inzwischen schleppe ich so ein Ding immer mit mir herum.

Ziehen Sie hier ruhig einen großen Putzlappen aus der Tasche.

Besonders in den ersten Ehejahren, wenn ich da nachts um halb eins oder um zwei oder um halb vier nach Hause gekommen bin, hat sie doch immer mit dem Schrubber hinter der Vorplatztür gestanden! Ja, und meine Passion, das ist der Apfelwein. Was kann das in unserer Gegend anderes sein? Bis ich morgens zum Frühstück komme, habe ich schon so zehn Gläser hinter mir. Was heißt da: „O je!" Man kann ja den Kaffee nicht so trocken runterschütten.

Und da sagt meine Frau zu mir: „Heini, warum trinkst du nur so viel Apfelwein?" – „Ja", sage ich, „nur aus Sparsamkeit. Sieh mal, ein Glas Bier kostet 3,80, ein Glas Apfelwein bei meinem Lieblingswirt nur 3,70, so spare ich an jedem Glas 10 Pfennige, das sind bei 20 Glas am Tag zwei Mark und im Jahr 730 Mark. Das sind bis jetzt 7 500 Mark, und bis zur silbernen Hochzeit kann ich leicht ein reicher Mann sein."

Nun haben wir heute unseren zehnten Hochzeitstag, und da hat meine Frau gesagt: „Heute geht es langsam mit dem Alkohol." Deshalb hat sie die Küche abgeschlossen und den Kellerschlüssel versteckt. Trotzdem war ich mittags wieder voll wie ein Veilchen. Wenn Sie mir versprechen, dass Sie meiner Frau nichts verraten, dann will ich Ihnen sagen, wo mein geistiger Bestand ist. Ich bin nämlich heute früh zu meiner Frau mit einem Blumenstrauß gekommen. Die hat gar nicht geahnt, dass ich dabei eine hinterlistige Absicht hatte, denn da ist mein geistiger Bestand drin. Meine Frau hat dann gefragt: „Heini, schenkst du mir auch etwas zum Hochzeitstag?" – „Ja", sag ich, „was hast du denn für einen besonderen Wunsch?" Darauf sagt sie: „Ich hätte so schrecklich gerne einen Ausziehtisch." Da habe ich gesagt: „Liebe Frau, zehn Jahre hast du dich auf der Bettkante ausgezogen. Warum willst du das jetzt unbedingt auf dem Tisch machen?"

Meine Frau hat mir etwas ganz Besonderes geschenkt, eine wasserdichte Armbanduhr. Da habe ich gesagt: „Das wäre doch nicht nötig gewesen, dass die wasserdicht ist." – „Doch", sagte sie, „die kannst du jetzt beim Geschirrspülen immer anbehalten."

Sehen Sie, so ergänzen wir uns gegenseitig ganz prächtig. Ich helfe ihr bei der Hausarbeit, und sie hilft mir bei der großen Wäsche.

Dann hatte sie neulich auf einmal einen ganz neuen Pelzmantel an. „Du", habe ich gesagt, „wo hast du denn den neuen Pelzmantel her?" – „Ja", sagte sie, „ich habe mir den ausgesucht. Das ist ein wunderschöner Bisam-Mantel." – „Was" sagte ich, „das ist doch kein Bisam-Mantel, den du da hast."

„Doch", sagte sie, „der Verkäufer hat ausdrücklich gesagt, bis zum Dreißigsten muss er bezahlt sein."

Im letzten Herbst war sie mal krank , da war sie im Spital. Ich bin in den Blumenladen gegangen, weil ich sie ja am Sonntag besuchen wollte. Ich sagte: „Geben Sie mir mal ein paar Blümchen für meine Frau, die liegt im Krankenhaus." Da sagte die Verkäuferin: „Ich habe nur noch wunderschöne Nelken da, die kosten das Stück zwei Mark." – „Nein, danke", habe ich gesagt, „so krank ist sie nun auch wieder nicht."

Für den Hochzeitstag habe ich mir extra ein paar neue Schuhe gekauft. In dem Geschäft war es sehr voll, und die Verkäuferin hat immer so drei, vier Kunden gleichzeitig bedient. Sie hat mir ein paar Schuhe gezeigt, und in einen bin ich reingeschlüpft. Da hatte sie aber die Zunge nicht rausgemacht, die war unten drin. Ich sagte: „Liebes Fräulein, so kann es aber nicht gehen, nehmen Sie doch die Zunge raus." – „Ja", sagte sie, „wenn Sie meinen, dass es dann besser geht." Ich will Ihnen mal was sagen. Ich kann ja nicht die ganze Familiengesellschaft zu Hause alleine sitzen lassen und bis zur silbernen Hochzeit hier bleiben.

Ich verabschiede mich mit Freud und Gut Stuss, das wünscht euch von Herzen die doofe Nuss.

Strecken Sie die Zunge raus. Den Doppelsinn – Zunge aus dem Schuh, Zunge aus dem Mund – sollten Sie vorführen, damit der Wortwitz ankommt.

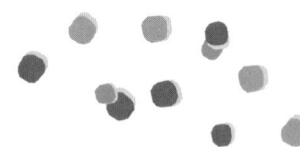

Die Krone der Schöpfung

Ihr Frauen passt auf, was ich euch heut sage,
dass wir die Krone der Schöpfung sind, ist keine Frage.
Jeder Mann glaubt, weil er eher da war,
könnt er jetzt spielen den großen Star.
Was wäre er denn, so ganz ohne Frau?
Ich will es euch sagen, und das ganz genau.

Keinen Morgen würden die Volleulen wach,
so wären vom Saufen die Kerle schwach.
Ihr Druckposten im Geschäft wär nach kurzer Zeit fort,
darauf gebe ich euch hiermit mein Wort.
Doch weil wir Frauen so blöd sind vor Liebe,
kommen die noch rechtzeitig in die Betriebe.

Wir legen die Wäsch' hin, die Socken, die Hose,
das Hemd und den Anzug und dann noch die Dose
mit Tabak, die Streichhölzer und auch den Kamm
und bringen mit Kaffee die Brüder auf Damm.

Und haben sie endlich ihr Resthaar sortiert,
ins Gesicht sich Aftershave geschmiert,
die Tasche, die Autoschlüssel geschnappt,
wird ohne Gruß zur Garage getappt,
sich großspurig hinter das Steuer gehockt
und Gas gegeben, dass die Mühl nur so bockt.

Die treten aufs Gas dann wie ein Idiot,
wechseln die Spuren, biegen ab trotz Verbot.
Und kommen trotz allem im Büro sie gut an,
dann spielen sie dort den großen Mann.

Sie sagen dann zu ihrer Mieze:
„Ach, bitte einen Kaffee, Sie kleine Süße."

Dann wird die Zeitung vorgenommen,
als wären sie zum Lesen hergekommen.
Und ist sie dann endlich ausgelesen,
fällt denen ein: Ach, bin ja noch gar nicht gewesen!

Und kommen sie vom Örtchen dann,
fangen sie mit dem Frühstück an.
Und das geht bis zum Mittag hin.
Nach Arbeit steht denen gar nicht der Sinn.

In der Mittagspause dann
wird gesucht der dritte Mann,
denn ein Skat wird nun gedroschen,
nicht um Pfennig, nein, um Groschen.

Schlägt die Uhr dann endlich zwei,
ist die Mittagspaus vorbei,
denn jetzt folgt die Konferenz
oder beim Chef die Audienz,
doch ist alles nur Bla-Bla,
keiner denkt hier an die Fraa.

Mit viel Alkohol und Zigaretten,
die man raucht, als wären sie Ketten,
dehnt sich diese Sitzerei
bis in die Abendstunden nei.

Ist das Abendessen längst verdorben
und man aus Angst um ihn schon fast gestorben,
hört man ihn trampeln auf der Trepp.
Da kommt er endlich, dieser Depp.

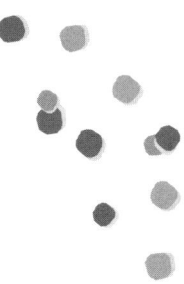

Eh man ihn zu Gesichte kriegt,
man den Alkohol schon riecht.
Er wirft den Koffer in die Eck
und die Schuhe, voller Dreck.
Dann stöhnt er: „Endlich nun zu Haus.
So ein Tag, das ist ein Graus."

Schalt den Fernsehkasten ein,
sieht nicht mehr sein Frauelein,
das für ihn sich rausgeputzt,
teuerstes Parfüm benutzt,
weil sie ihn gern für sich hätt –
doch dann stürmt der schon zum Bett.

Unterwegs, da lässt er falle
seine Kleidungsstücke alle.
Hat man die dann aufgeräumt,
der Superstar schon schnarcht und träumt.

Dann schaltet man das Fernsehen aus
und wieder mal fehlt Sex im Haus.

Ein Frauensachverständiger

Studiert hab ich die Frauenwelt,
weil mir ihr Wesen so gefällt,
mit acht Semestern Theorie
und in der Praxis ein Genie,
als Bester war ich ein Phantom,
deshalb erhielt ich mein Diplom.

Ich kenn mich aus, ich weiß Bescheid
über Stolz und Eitelkeit,
über Treue, über Triebe,
über Hass bis hin zur Liebe.
Ich denk oft in schönen Stunden:
Wer hat die Frauen bloß erfunden?

Die Frau'n bestimmt man, das ist wahr,
nach der Farbe ihrer Haar'.
Da gibt es die kühlen Blonden,
abweisend stets an allen Fronten,
die Brünetten mit viel Charme,
anschmiegsam liegen sie im Arm,
die Schwarzen voller Stolz und Rasse,
die gehen letztlich auf die Kasse,
dann noch die Roten, wie man glaubt,
ein Betthupferl, das nur so staubt.
Doch das ist alles Fantasie,
und diese Thesen stimmen nie.
Die Frau hat man, was auch geschieht,
so, wie man sie am Anfang zieht!

Auch bei Frauen gibt es Normen,
denn entscheidend sind die Formen.
Make-up, Größe und Gewicht,
auch der Körperbau besticht,
und ein tolles Fahrgestell
reizt uns Männer generell.
Wir lieben Busen und den Po –
ihr Männer, ihr versteht mich scho'!

Es gibt liebe, zarte Wesen,
aber auch die bösen Besen –
da herrscht totale Diktatur,
von Männerherrschaft keine Spur,
kein Stammtisch und kein Sportverein,
ja, mancher ist ein armes Schwein.
Das Weib, das hat die Hosen an,
geknechtet wird der Ehemann.
Solche Männer sind am Zittern,
wenn sie bloß die Alte wittern!

Andererseits gibts Modepuppen,
welche sich sehr bald entpuppen,
die ihrer Schönheit stets bewusst,
ganz ladylike und selbstbewusst,
als Lebedame modisch flott,
eingehüllt im Ozelot,
die lieben Luxus und Geschmeide,
lieb anzusehn als Augenweide,
doch zu teuer auf die Dauer!
Such dir was anderes, sei schlauer.
Stets Lachs und Hummer auf dem Teller –
wer ist von uns schon Rockefeller?

Es gibt welche, die sind ledig,
die sind auf der Suche stetig,
die wechseln öfter ihren Freund,
es wird hin und her gestreunt,
was die Männer ihnen bieten,
damit sind sie nicht zufrieden.
So eine, die ist gar nicht klug,
keiner ist ihr gut genug,
sie verblüht, wird stumpf und stumpfer –
bleibt ewig eine alte Jungfer!

Dann gibts die Karrierefrauen,
die lässig auf die Männer schauen.
Erfolg und Aufstieg ist ihr Ziel,
Mut und Ehrgeiz ham die viel.
Sie schalten selbst die Männer aus
und booten sie noch eiskalt aus.
Die stellen ihre eignen Weichen
und gehen notfalls über Leichen!

Die Frau ist, sieht man 's unterm Strich,
eine Wissenschaft für sich!
Die Idealfrau zu entdecken
endet oft mit einem Schrecken.
Doch wissenschaftlich ist erwiesen,
und damit möchte ich auch schließen,
als Fazit dieser Übersicht:
Die Idealfrau gibt es nicht!
Helau!

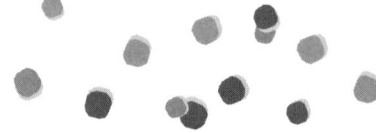

Mein Himmelhund

Vier Wochen alt war unsere Ehe,
mein Mann sprach mich nur zögernd an,
er möcht' gern solo gassi gehe,
einmal die Woche – so dann und wann.

Für mich, da brach 'e Welt zusamme,
sollt's Flittern schon zu Ende sein?
Ach, wär ich noch bei meiner Mamme,
wär ich doch noch bei ihr daheim!
Wenn manchmal auch die Träne fließe,
ich wollt den Mann – jetzt muss ich's büße.

Freudig traf mich bald die Kunde,
Bekannte verschenke junge Schäferhunde.
Ich hab mein Mann gleich weichgeknetet,
hab Tag und Nacht von de Vorteil' geredet,
er könne dann gerne mal gehe aus,
denn ich wär ja gut beschützt zu Haus'.

Nach vielem Hin und Her und ach,
da wurd' mein Mann nun doch noch schwach,
denn Männer sind eitel und tun erst besiegt,
wenn die Frau vor ihnen uff Knien liegt.

Ich durft' mei' Hundche hole,
freudestrahlend am nächsten Tag,
fünf Woche alt, kaum Zähn' im Maul,
des würd' bestimmt kein Plag'.
Der Hund, er wuchs, war kerngesund,
zu sehn war nix vom Schäferhund.

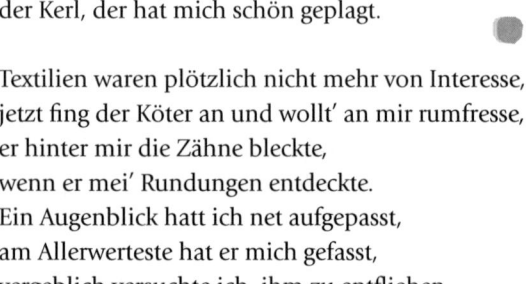

Ein stolzes Tier in seiner Art,
bei uns bekannt als Promenad'.
Die Zähne kamen net viel später,
zerrissen hat er täglich 'en Sweater,
jed' Kleidungsstück war angenagt,
der Kerl, der hat mich schön geplagt.

Textilien waren plötzlich nicht mehr von Interesse,
jetzt fing der Köter an und wollt' an mir rumfresse,
er hinter mir die Zähne bleckte,
wenn er mei' Rundungen entdeckte.
Ein Augenblick hatt ich net aufgepasst,
am Allerwerteste hat er mich gefasst,
vergeblich versuchte ich, ihm zu entfliehen,
ein Winkelriss war der Lohn meiner Mühen.

Und da grad hat es unten geschellt,
mei' Hundche hat pflichtgemäß gebellt.
Ich musst' jetzt zur Tür, im Lumpengewand,
das Nötigste bedeckte ich nur mit der Hand,
vor Schreck war'n mir die Knie weich,
ein Glück, es war nur ein Bubestreich.

Prophylaktisch erhielt ich 'ne Tetanusspritze,
danach konnt' ich wieder drei Tag' net sitze.
Wenn manchmal auch die Träne fließe,
ich wollt' den Hund, jetzt muss ich büße.

Nach einer Party bei uns,
so gegen 2 Uhr in der Nacht,
da ham wir mit dem Hund
noch ein paar Freunde heimgebracht.
Wir Frauen gehen voraus, die Weißkirchner Straß'
mit Abstand zu'n Männern, und mit ihnen des Aas.

doch mein Hund will zu mir, die Lieb ist famos
mein Mann lässt dann einfach des Dierche los.

Der rast auch gleich fort, ich denk noch: Oh je,
der wird dich doch im Dunkle stehe seh ...
... doch der Gedanke ward jäh unterbrochen,
denn ich lag bäuchlings auf meine Knochen,
wenn manchmal auch die Träne fließe,
ich wollt' den Hund, jetzt muss ich büße.

Und an unserem Zaun, mer sollt es net glaube,
was sich die Leut mit meinem Hundche erlaube.
Die geben ums Verrecken kei' Ruh!
Die fletsche die Zähn' und belle dazu.

Bis es ihm zu blöd wird, dann hippt er raus,
dann ist es mit seiner Gutmutigkeit aus ...
Wege dem viele Gebell und Gegaffe
wollte mer endlich Abhilfe schaffe.

Gebaut wurde schnell ein Mattenzaun,
dass niemand mehr konnt drüberschaun,
und dieses Ding war ganz schön teuer,
von Schönheit keine Spur
und vielen war des net geheuer,
die tippten gleich uff Nacktkultur.

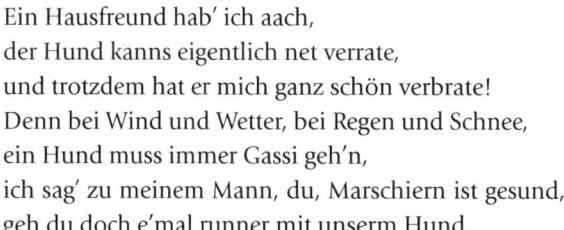

Ein Hausfreund hab' ich aach,
der Hund kanns eigentlich net verrate,
und trotzdem hat er mich ganz schön verbrate!
Denn bei Wind und Wetter, bei Regen und Schnee,
ein Hund muss immer Gassi geh'n,
ich sag' zu meinem Mann, du, Marschiern ist gesund,
geh du doch e'mal runner mit unserm Hund.

Ungläubig fragt er, was er da sollt,
den Butz, den hätt er net gewollt!

Mir ist es gelunge, ihn zu überreden,
sich mit uns zusamme die Füß zu vertreten,
doch das hätt' ich wirklich besser gelassen,
ich traf mein' Hausfreund, ich konnt' es kaum fassen.
Ich sprach auf mein Mann ein und lächelte charmant,
doch der Hasso hat den Hausfreund gleich erkannt!
Wenn manchmal auch die Träne fließe,
ich wollte den Hund, da musst' ich 's büße.

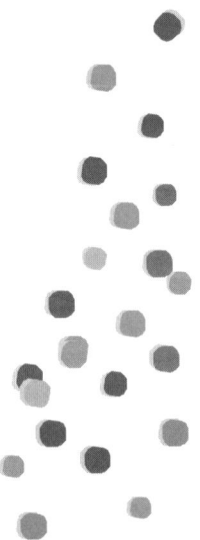

Ein Dicker und seine Frau

Ich esse für mein Leben gern,
Essen stärkt doch Körper und Hern.
Fünf Eier und ein halb Pfund Speck
putz ich glatt zum Frühstück weg,
dann zwei Brote mit Belag
ich ohne Schwierigkeiten noch vertrag.
Ich frag euch, ist es da ein Wunder,
wenn nach 'ner Stund ich habe Hunger?
Bei meiner Läng, da geht was rein,
und Hungerleiden muss nicht sein,
und Ärger gibt es notabene
krieg ich nichts zwischen meine Zähne.
Zwei Frikadelle, ein halb Pfund Wurst
drei Bierchen gegen großen Durst,
dann bin zufrieden ich und still,
bis mein Magen es nächste will.

Zum Mittagessen nicht gelogen
wird beim Metzger abgewogen
ein Pfund Rippcher, zwei Pfund Stich,
weil ich so furchtbar hungerich,
dazu sechs große Wasserweck,
denn kleine Brötcher sind doch Dreck,
und eine Flasche Äppelwei
das soll fürs Erste genug dann sei,
dann bin zufrieden ich und still,
bis mein Magen es nächste will.

So ungefähr um drei Uhr dann
fängt der laut zu knurren an.

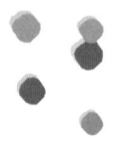

Ihn zu beruhigen ich versuche
mit nem ganzen Streuselkuche,
und gibt es dann noch keine Ruh,
kommt noch ein Bienenstich dazu,
dann bin zufrieden ich und still,
bis mein Magen es nächste will.

Drei Steaks am Abend mit Pommes frites
das ist bestimmt kein schlechter Witz,
zwei riesengroße Kopfsalat
hält mei Frau dann noch parat,
insgesamt vier Flaschen Bier
verschwinden nach und nach in mir,
zur guten Nacht dann drei Konjäcker,
zwei Pakete Salz- und Käseknäcker,
eine Tafel Schokolad'
liegt auf dem Nachttisch schon parat,
falls in der Nacht ich kriege Hunger,
jetzt beginnt der große Schlummer,
zufrieden bin ich und auch still,
bis mein Magen es nächste will.

Zu Hause arbeit ich alles ohne Murren,
manchmal sogar mit Magenknurren,
koche Kaffee, deck den Tisch,
ja so fleißig bin nur ich,
koch Mittagessen, spül Geschirr,
Hausarbeit lieb ich wie irr.
Meiner Frau erfüll ich jede Bitt,
will die essen gehen – geh ich mit,
bin zufrieden und auch still,
bis mein Magen es nächste will.
Meiner Frau, der schmeckt das nicht,
beschwert sich über mein Gewicht.

Ich fühl mich jederzeit voll Kraft,
alles wird mit Leichtigkeit geschafft.
Gegessen wird alles – dem Wirt nichts geschenkt
lieber sich einmal den Magen verrenkt,
zufrieden bin ich und auch still,
bis mein Magen es nächste will.

Die Frau antwortet:
Der Fresser da, das ist mein Mann,
hört sein Geschwätz euch ruhig an,
das einzige was der daheim schafft,
wo der rangeht mit aller Kraft,
das ist – ich sag es frei und frank –
Tiefkühltruhe und Kühlschrank.
Da beginnt der ohne ausreichendes Kaue
alles in sich rein zu haue.

Beim Frühstück fängt mein lieber Mann
mit dem großen Fressen an,
Eier, Schinken, Toast und Wurst,
Kaffee, Tee und Bier für 'n Durst,
und damit er kanns vertragen,
einen Underberg für 'n Magen.
Bewegen kann der sich nicht vor lauter Speck,
sein Magen nur, der schafft was weg.

Zu erzähle vergaß der bloß,
dass ich pack sei Pilledos,
denn er braucht an Pillen viel,
auch die frisst der in großem Stil,
für die Galle braucht er drei,
für 'n nervösen Magen zwei,
und damit der kann aufs Klo,
muss er nehmen täglich zwo.

Pillen braucht der für sein Herz,
und dann kommt noch, ohne Scherz,
auch 'ne Zuckerpille dran,
ja, so ist das bei mei'm Mann.
Bewegen kann der sich nicht vor lauter Speck,
sein Magen nur, der schafft was weg.

Seine Leber, seine Nieren
auch nur mit Pillen funktionieren.
Dabei wäre ohne Lachen
bei ihm wirklich was zu machen.

Sein Doktor, wo er neulich ging hin,
sagt: Mit halb so vielen Kalorien
könnt' er wieder Treppen steigen
und bei mir als Mann sich zeigen.
Bewegen kann der sich nicht vor lauter Speck,
sein Magen nur, der schafft was weg.

Es sind schon wahre Schicksalsschläg,
immer ist sein Bauch im Weg,
selbst die Schuh muss ich ihm binden,
denn er kann sei Füß nicht finden.
Deshalb beschloss der Arzt und ich,
jetzt kommt nur noch Diät auf den Tisch.

Morgens Müsli, Kaffee schwarz
und eine Pille Tannenharz,
und er frisst nicht mehr soviel,
weil die stoppt das Hungergefühl.
Mittags 'ne Scheibe Vollkornbrot
und 'nen Esslöffel voll Schrot.
Am Abend halt ich dann parat
schönen bunten Rohkostsalat.

Machen wir das ein halbes Jahr,
ist die Gesundheit wieder da.
Er hätte dann auch woanders noch Kraft,
sein Magen wär nicht der einzige, der was schafft.

Ich verspreche euch jetzt hier,
ich bring die Erfahrung zu Papier,
und nächstes Jahr im Karneval
treffen wir uns wieder all,
dann zeig ich euch, was ich erreicht,
dann ist er sexy und ganz leicht.

Wir Männer sind die besten

Wir Männer sind schon arme Tröpf,
wenn wir nit spurn, gibts auf die Köpf.
Daheim, da kusche mir, sind still,
weil's unsre Alte halt so will!

Bei uns, da wird a nit gemuckt,
Kopf nach unne und geduckt,
in die Karnickelstellung halt,
so warte mir, bis blitzt und knallt.
Gewehr bei Fuß, die Hose voll,
gell ihr Fraue, des is toll!

Doch heut nehm ich kein Blatt vorn Mund,
euch Fraue mache mir heute rund,
den schlechte Ruf der Männerwelt,
der uns überhaupt nit g'fällt,
den schiebe mir, vorerst zunächst,
dorthi, wo der Pfeffer wächst!

Wir Männer sind zu unserm Glück
der Schöpfung bestes Meisterstück,
unser Geist, der ist genial,
und unser Charme wirkt allemal,
letztlich der smarte Körperbau
erhebt uns über jede Frau!

Unser Körper, ein Gedicht,
nicht nur die Form ists, was besticht,
bei uns ist alles gut sortiert
und am rechten Fleck platziert.

Die Hüfte schmal, die Fesseln schlank
und breite Schultern, Gott sei Dank,
drum sin die Fraue ganz entzückt
und nach uns Männer so verrückt!

Auf uns, da sind die Fraue stolz,
ja, wir sind aus bestem Holz,
trinkfest, stabil und sehr potent,
aufrichtig, mit Temperament,
sparsam, fleißig und galant,
sportlich-modern, aus erster Hand.
Unser Geist, der braucht kei Spritze,
wir Männer, wir sind einfach Spitze!

Ja, ihr Frauen, seid mal ehrlich,
wir Männer sind doch unentbehrlich,
im Haushalt stehen wir unsern Mann,
weil's einfach keiner besser kann!

Ach, wir sind ja so bescheiden,
dass wir fast schon drunter leiden,
wir sind edel, treu und bieder,
selbst Alkohol ist uns zuwider,
wir sind so, wie ihr uns wollt,
ordnungsliebend und treu wie Gold!

Wir sind, das ist keine Frage,
eure Existenzgrundlage!
Trainiert sind wir wie wilde Affen,
Tag und Nacht sind wir am schaffen
fürs Auto und für Haus und Hof,
eigentlich sind wir doch doof.
Wir schaffen, ohne müd zu werden,
euch das Paradies auf Erden!

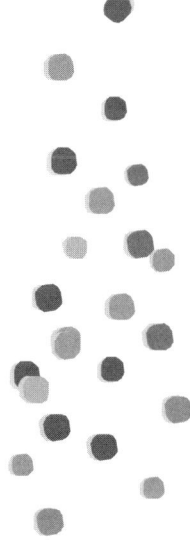

Uns versucht man einzuengen,
uns vom Stammtisch zu verdrängen,
unsre Hobbys zu beschneiden,
das können wir schon gar nicht leiden.
Drum bleibt standhaft und flexibel,
denn es steht schon in der Bibel,
der Herr im Haus, das ist der Mann,
und das Weib sein Untertan!

Männer gibts, emsig wie Bienen,
die ihre Frauen stets bedienen,
die lesen Wünsche von den Lippen,
und wenn die Frau'n die Finger schnippen,
dann kuschen sie, sind gleicher Meinung –
Pantoffelheld heißt die Erscheinung.
Ja, überall gibts schwarze Schafe,
die verdienen ihre Strafe!

Ja wir sind ja so manierlich,
liebevoll und so possierlich,
großzügig, ja, das ist kein Scherz,
euch Frauen hüllen wir in Nerz
und krönen euch, wenn ihr es wollt,
mit Perlen, Edelstein und Gold.
Wir lieben euch und zum Beweis,
zahle mir den ganzen Scheiß!

Manchmal möcht ich mich verstecken,
nicht immer ists ein Honiglecken.
Am Monatsersten wirds noch flotter,
abgeliefert wird der Schotter,
da hilft kein Motzen und kein Klammern,
da hift kein Winseln und kein Jammern,

im Geldabliefern sind wir stark,
oft bleibt uns kei müde Mark –
ein kurzer Schrei von unsern Damen,
Geld her, Ende, Schluss aus, amen!

Wir Männer sind, ohne zu prahlen,
auf dieser Erde die Genialen.
Doch familiär ist es die Frau,
ich sags zum Abschluss jetz genau,
sie kämpft im Haushalt unterdessen,
sorgt für die Kinder und fürs Essen,
wäscht, bügelt, näht, stopft unsre Socken,
während wir beim Fernsehen hocken.

Seid mal ehrlich meine Herren,
wir ham doch unsre Frauen gern,
wir wern verwöhnt und stets bedient,
sind wir krank, wern wir gepflegt
und liebevoll von ihr gehegt,
sie verwaltet Haus und Kassa,
mit einem Wort: ein Tausendsassa!

Zwei alte Freunde

Die Bühne bzw. das Rednerpult ist üppig mit Luft-schlangen, Girlanden, Luftballons, Konfetti und dergleichen dekoriert. Typische Karnevalsfiguren kön-nen sich hinter A und B verbergen.

A: Du, sag einmal, ist das die erste Karnevalsveranstaltung, die du besuchst?

B: Nein, ich war schon auf einem Kostümball.

A: Und hast du da etwas Nettes kennen gelernt?

B: Ja, ein tolles Frauenzimmer.

A: Als was war die denn da?

B: Als Bazille.

A: Was ist denn das?

B: Erst hat sie den Männern zu erhöhten Temperaturen verholfen, und dann hat sie allen etwas gehustet.

A: Und dir?

B: Mit mir ist sie nach Hause gegangen.

A: Und dann?

B: Na ja, erst sind wir ins Bad und dann ins Bett.

A: Halt! Über so etwas spricht man nicht in der Bütt. Du weißt doch, die Bütt soll sauber bleiben.

B: Eben. Deswegen waren wir ja vorher im Bad. Außerdem war es ja meine eigene Frau.

A: Ich wusste gar nicht, dass deine Frau so raffiniert sein kann.

B: Ich weiß es ja auch erst seit Neujahr.

A: Wieso erst seit Neujahr? Ihr seid doch schon viel länger verheiratet.

B: Das ist so: Als die Mülltonnenleerer an Neujahr kamen und sagten: Wir sind die, die die Tonnen leeren, und wünschen alles Gute für das neue Jahr, hat meine Frau gesagt: „Wir sind die, die die Tonnen füllen und wünschen uns dasselbe."

A: Frauen sind halt wie Zucker.

B: Wie meinst du das?

A: Ganz einfach. Zucker ist süß, aber auch raffiniert.

B: Hast du schon gehört, dass die Beamten gegen den freien Samstag protestiert haben?

A: Nein. Warum denn dieses?

B: Die wollen lieber hinter ihren Aktendeckeln schlafen, als zu Hause die Teppiche klopfen.

A: Du! Meine Brieftasche ist weg.

B: Wie sah sie denn aus?

A: Ganz modern. Langes, blondes Haar und blaue Augen.

B: Weißt du schon, dass dem Karl seine Frau einen Sohn geboren hat?

A: Und hat der Karl schon einen Verdacht?

B: Kannst du mir sagen, was ein politischer Ignorant ist?

A: Ja. Einer, der UNO für ein Waschmittel und die „Grünen" für eine Vereinigung von Gärtnern hält.

B: Habt ihr eigentlich noch eure Putzfrau?

A: Nein. Die musste ich leider entlassen.

B: Warum? Hat die sich etwas zuschulden kommen lassen?

A: Nein. Aber ich wollte sie nicht länger zweimal im Jahr in meinem Auto nach Griechenland in Urlaub fahren.

B: Stell dir mal vor. Ich wache neulich morgens auf und habe auf der Zunge eine Riesenbrandblase.

A: Dann hast du sicher Branntwein getrunken?

B: Nein. Als ich spät nachts heimkam, sollte ich noch auf das Wohl meiner Frau anstoßen und habe doch dabei die Wärmflasche erwischt.

A: Der Wirt in dem Lokal gestern abend ist mir aber sehr sympathisch.

B: Du kennst ihn doch gar nicht richtig, wir waren doch noch nie dort.

A: Hast du nicht beobachtet, dass der Wirt den Randalierer nicht aus dem Lokal warf? Und als ich ihn fragte, warum er das nicht mache, hat doch der Wirt gesagt: „Ei, vor der Tür wartet doch dem seine Frau!"

B: Kennst du ein sicheres Abführmittel?

A: Ja. Die Polizei.

B: Kannst du mir einen anderen treffenden Ausdruck für Glatze sagen?

A: Klar, zwei sogar. Nacktkultur auf höchster Ebene und Beatle mit Schiebedach.

B: Aber ich habe auch ein Erlebnis in einer Kneipe gehabt. Saß doch da einer an der Bar und schlief. Neben ihm saß eine Frau und nahm ihm einen 100-Mark-Schein aus der Brieftasche. Ich fragte sie, wie sie dazu käme, den Mann zu bestehlen. „Wieso bestehlen", fragte sie, „wir sind doch verheiratet."

A: Über Frauen kann man sich wirklich wundern. Als ich gestern nach Hause kam, hat mir meine Frau die Hausschuhe gebracht, eine Flasche Bier aus der Küche geholt, und neben meinem Sessel hat die neueste Zeitung gelegen.

B: Und das ist dir nicht spanisch vorgekommen?

A: Doch. Sie hat mich gleich gefragt: „Du, Schatzilein, darf ich mir nun dieses entzückende, süße Kostümchen kaufen?" Ich hatte noch nichts gesagt, da fragt doch meine sechsjährige Tochter: „Mami, wenn Papa jetzt JA sagt, soll ich es dann wieder unter dem Bett hervorholen?"

B: Ja, ja die Frauen. Hast du schon die Frau Meier aus dem dritten Stock gesehen?

A: Nein, Was ist denn mit der?

B: Die hat doch ein ganz blaues Auge. Von ihrem Mann!

A: Und war sie schon beim Scheidungsanwalt?

B: Nein. Aber sie geht noch hin, jedoch erst, wenn ihr Mann wieder aus dem Krankenhaus heraus ist.

A: Wieso warst du eigentlich vorgestern so besoffen?

B: Ich bin in schlechte Gesellschaft geraten.

A: Kannst du mir das näher erklären?

B: Wir haben zu dritt eine Flasche Kognak ausgetrunken. Mein Pech war nur, die beiden anderen Freunde waren Abstinenzler. Heute warten die schon wieder auf mich, kommst du mit?

A: Ja. Komm, wir wollen die nicht warten lassen.

Kättchen und Eulalia

Eulalia kehrt gern die „feine Dame" heraus, trägt einen Hut. Kättchen ist das ganze Gegenteil von ihr. Das „Outfit" der beiden, darf ruhig etwas schrill sein.

Eulalia: Kättchen, sieh mal die vielen netten Leute! Was wäre das eine Freude, wenn wir daheim von unseren Männern auch mal so herzlich empfangen würden!

Kättchen: Ja, ja, hier weiß man wenigstens, dass man willkommen ist! Aber sag mal, ist dein Alter auch so ein Ekel?

Eulalia: Warum?

Kättchen: Och, meiner behandelt mich ja so schlecht. Neulich erst hab' ich mich bei ihm beschwert. Ich hab' ihm gesagt: „Schon seit zwei Jahren muss ich immer mit ein und demselben Kleid ausgehen!" Da gibt er mir zur Antwort: „Gleiches Recht für alle; ich muss schon seit 20 Jahren immer mit derselben Frau ausgehen!"

Eulalia: Kättchen, mach dir da nix draus! Meiner hat mich sogar schon vor unserer Hochzeit belogen! Er hatte mir erzählt, er wär von Beruf Tischler, und ich dachte, er meint Bau- oder Möbeltischler.

Kättchen: Und was war und ist er?

Eulalia: Stammtischler!
Och, das geht dir nicht allein so. Meine Schwester ist ja mit dem ihren auch ganz schön reingefallen. Der ist

Kättchen:	Schlafwandler! Der schläft mal hier und mal da. Und außerdem ist der wie 'ne Briefmarke: Wenn der mal angefeuchtet ist, dann bleibt er auch kleben!
Eulalia:	Also, ich traue meinem Göttergatten in der letzten Zeit absolut überhaupt nicht mehr. Ich glaub, der hat 'ne Freundin!
Kättchen:	So, so!? Wie kommst du denn da drauf? Woran hast du das denn gemerkt?
Eulalia:	Ei, denk dir, der hat sich in der vorigen Woche doch tatsächlich dreimal die Füße gewaschen!
Kättchen:	Ich muss sagen, im Großen und Ganzen bin ich mit meinem ja eigentlich doch zufrieden. Der macht alles, bloß um mir zu gefallen. Jetzt hat er sich sogar einen Bart wachsen lassen.
Eulalia:	Und das gefällt dir?
Kättchen:	Selbstverständlich! Dann sieht man wenigstens nicht mehr soviel von seinem dummen Gesicht!
Eulalia:	Ich sag es doch immer: Männer sind genau wie Zwiebeln, wenn man sich näher mit denen befasst, dann kommen einem die Tränen!
Kättchen:	Sag das net zu laut, Eulalia! Es gibt auch noch nette, freundliche, zuverlässige und treue Männer auf dieser Welt! Sogar richtige Kavaliere!
Eulalia:	Sag bloß noch, dir wäre so ein Traummann über den Weg gelaufen!

Kättchen:	Ja! Stell dir vor: Neulich bin ich doch mit dem Zug nach Saarbrücken gefahren. Im Abteil waren alle Plätze besetzt. Da steht doch tatsächlich ein junger Mann auf und hat mir seinen Platz angeboten!
Eulalia:	Das gibt es nicht!
Kättchen:	Wenn ich es dir doch sage! Ich habe mich auch ganz freundlich bei dem bedankt. Da meinte er: „Nichts zu danken, es ist schließlich Kavalierspflicht, einer Dame seinen Platz anzubieten. Die meisten Männer stehen zwar nur für junge, hübsche Frauen auf, aber ich mache da keinen Unterschied!"
	Eulalia! Was ist denn mit dir los? Warum kratzt du dich denn dauernd am Kopf? Das ist doch unhöflich! Vor all den Leuten!
Eulalia:	Was soll ich denn machen? Es juckt mich schon die ganze Zeit so entsetzlich.
Kättchen:	Ei, dann zieh deinen Hut aus und kratz dich einmal ganz richtig, dann hört es bestimmt auf!
Eulalia:	Wie kommst du mir vor! Ich kann doch nicht meinen Hut ausziehen, bei all den Leuten! Du ziehst ja auch nicht deinen Rock runter und die Hose aus, wenn es dich am Hintern juckt!
Kättchen:	Sag mal, Eulalia, stimmt es, dass man bei euch im „Kammerforst" ein junges Mädchen gefunden hat, das ganz verbissen und verkratzt war?
Eulalia:	Ja, ja, sie war tatsächlich ganz verbissen und verkratzt – von den Hasen und Kaninchen – aber sie war selbst

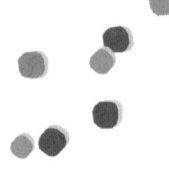

schuld. Sie hatte eine riesige Einkaufstasche voller Grünzeug dabei, Möhren, Salat, Gurken und so Kram. Du weißt schon: Diät!

Kättchen: Weißt du, von wem ich schon lang nichts mehr gehört und gesehen hab? Von Zimmers Fränzchen! Was ist eigentlich aus dem geworden?

Eulalia: Der? Der lebt doch nur von der Hand in den Mund!

Kättchen: Wie schrecklich!

Eulalia: Was heißt schrecklich? Der hat 'ne gutgehende Zahnarztpraxis!

Kättchen: Du, ich hab gemeint, ihr wolltet umziehen. Habt ihr schon 'ne neue Wohnung?

Eulalia: Ja, fast! Gestern hab ich mir eine angesehn, die würde mir gut gefallen – groß und günstig. Ich muss bloß noch meinen Mann dafür begeistern!

Kättchen: Dann beeil dich aber; denn heutzutage findest du schneller 'nen neuen Mann als 'ne billige Wohnung! Meiers hatten doch auch so lange 'ne Wohnung gesucht und keine gefunden. Die haben dann schließlich die Sache selbst in die Hand genommen und ein eigenes Haus gebaut!

Eulalia: Kannst du mir sagen, wovon die das Haus gebaut haben?

Kättchen: Ganz einfach, mit den Steinen, die die Baubehörde ihnen in den Weg gelegt hat!

Eulalia:	Ach, die Baubehörde! Das ist so ein riesiges Amtsgebäude. Ich hab mich mal erkundigt, wie viel Leute dort eigentlich arbeiten.
Kättchen:	Und?
Eulalia:	„Kaum die Hälfte", hat man mir gesagt.
Kättchen:	Also weißt du, ich hab sowieso den Eindruck, dass hier in ... nicht viel los ist. Hier kannst du noch nicht mal essen gehen, wenn du willst!
Eulalia:	Wieso?
Kättchen:	Ei, neulich hat mich doch mein „Goldstück" eingeladen, ganz groß in die Stadthalle essen zu gehen. Und stell dir vor, ausgerechnet an dem Tag hatten die zu!
Eulalia:	Ach! Warum seid ihr dann nicht zu ... gegangen? Bei dem kann man für nur fünf Mark zwanzig sogar drei Stunden essen
Kättchen:	Das ist ja enorm! Bist du sicher?
Eulalia:	Ja, im Fenster hat der doch ein Schild hängen: Mittagstisch von zwölf bis fünfzehn Uhr, Preis: fünf Mark zwanzig! Du, da fällt mir eben ein, seit wann betest du denn auf der Straße den Rosenkranz?
Kättchen:	Wie kommst du denn da drauf?
Eulalia:	Ei, liebe Eulalia, ich hab dich doch gestern morgen in der Kastaniengasse gesehen, da hast du mindestens

fünfmal das Kreuzzeichen gemacht! Ja, kannst du mir das erklären?

Kättchen: Ach sooo! – Ich hab nicht gebetet. Ich hatte nur keinen Einkaufszettel geschrieben und wollte mir behalten, was ich unbedingt noch kaufen sollte!

Eulalia: Heee?

Kättchen: *(macht langsam Kreuzzeichen)* Ja, ein Kappeskopf, zwei Dosen Milch und ein Pfund Bauchlappen.
Hach, da fällt mir noch was ein! Wir wollten doch mit den Leuten hier im Saal singen. Ihr macht doch alle mit? Also, wir zwei singen vor, und ihr singt nach! Zuerst die Frauen, dann die Männer!

Beide: *(singen laut)* Wir fahren nach Amerika, schrumm, schrumm, schrumm!

Frauen: Wir fahren ...

Männer: Wir fahren ...

Beide: Ja, wenn ihr alle fortfahrt, dann können wir zwei ja jetzt gehen!

Helau!

Ein Albtraumpaar

Sollte es „Dickerchen" an Körpermasse fehlen, kann man den Bauch ausstopfen. Die „Süße" ist schwanger; hier muss wohl ganz sicher ein künstlicher Bauch her.

Dickerchen: Seit meinem Jawort in glücklichen Tagen,
liegen wir ständig uns in den Haaren!
Vorher war ich zu jeder Schandtat bereit –
bis ich eines Tages dann dich gefreit!
Ihr hier im Saal braucht gar nicht zu lachen,
denn meine Ehe mit diesem Drachen
hätte gar nicht erst den Anfang genommen,
wenn die mir nicht in die Quere gekommen!

Süße: Ja meinst du denn, du Kümmerling,
die Ehe wär nur ein einseitig Ding,
wo ganz alleine nur der Mann
stets seine Meinung sagen kann?
Auch ich habe schon den Tag bereut,
der mich damals von meiner Freiheit befreit!
Ich sitz zu Haus und mach die Doofe,
wenn du gehst mit den Kumpels zum Schwofe!

Dickerchen: Ich sage dir ganz unumwunden –
der Wirt legt Wert auf nette Kunden!
bring ich dich mit, Schockschwerenot –
krieg ich sofort ein Lokalverbot!
Denn du entwickelst seit einiger Zeit
'nen Mangel an Menschenähnlichkeit!
Versuch bei der Geisterbahn dich zu bewerben,
hoffentlich tut unser Kind das nicht erben!

Süße: Es gibt Kondome, das solltest du wissen –
dann hätten wir auch nicht heiraten müssen!
Ich hätt meine Unschuld heut immer noch
und dich nicht am Hals, du Hinternloch!
Doch so kleine Verhüter, das mein ich nicht böse,
die gibts leider nicht in deiner Größe!
Solche winzigkleinen Dinger
benutzt der Arzt für seine Finger!

Dickerchen: Das kann mich alles nicht berühren!
Tätest du nur richtig die Pille einführen!
Bei deinem komischen Gang, du Nase –
liegt beim zweiten Schritt das Ding auf der Straße!
So hast du mich ganz ungefragt
durch deine Blödheit zum Vater gemacht!
Und wäre dies nicht vorgekommen,
dann hätt' ich dich niemals zum Weibe genommen!

Süße: Stell du dich nur nicht hin als Sieger,
du bist doch ständig Unterlieger.
Auf Arbeit stets den großen Rand –
doch da, im Hirn fehlt der Verstand!
Mir willst du jetzt die Schuld zuschieben,
weil das Rezept dir fehlt zum Lieben!
Du kannst eben nicht bei solchen Sachen
einfach wie andre den Rückzieher machen!

Dickerchen: Ein solcher Blödsinn, unbenommen
kann nur aus deinem Halse kommen!
Du machst daheim nur Kuddelmuddel –
und mich ganz krank, du Labbeduddel!
Dann hast du nachts die Wickler drin
und meine Leidenschaft ist hin.

Ach, und wenn ich knipse an das Licht –
seh ich nur Creme – und kein Gesicht!

Süße: Wenn ich auf deine Liebe hoffe,
kommst du nach Hause, vollgesoffe.
Von Zärtlichkeit ist keine Spur –
du Blödmann kannst dich dann doch nur
noch schwankend in den Sessel quälen
und außerdem nur Scheiß erzählen!
Du Unhold bist nicht bloß ein Stoffel,
sondern die reinste Spritkartoffel!

Dickerchen: Ich glaube langsam, liebes Mäuschen,
du hast da oben was am Sträußchen.
In guten und in schlechten Tagen
kann ich dich nur im Suff ertragen!
Das wird ein jeder Mann verstehn –
nur wenn ich voll bin, bist du schön.
Dafür geb ich dir Brief und Siegel –
betrachte dich doch mal im Spiegel!

Süße: Mit diesem dämlichen Geplänkel
gehst du mir reichlich auf den Senkel,
Ich warne dich, mach mich nicht wild!
Guck dich mal an im Spiegelbild!
Der dürre Hals, der Bauch, die Glatze
und überhaupt die ganze Fratze –
das erinnert mich immerzu –
E. T. sah ganz so aus wie du!

Dickerchen: Manch Großmaul, wie du, stets übertreibt.
Weißt du denn, wie E. T. man schreibt?
Die war, das ist nicht übertrieben,
viermal in der Schule hocken geblieben!

Nix dazugelernt und wie Stroh so dumm –
wirft die jetzt hier mit Sprüchen rum!
Für meine Dumm-Gutmütigkeit
ist dies der Dank, Ihr lieben Leut!

Süße: Wofür erwartest du eigentlich Dank?
Du hast wohl nicht alle Tassen im Schrank?
Was kannst du denn mehr als Saufen und Skaten,
du Knodderbüchs, du Satansbraten?!
Du kaufst nie ein, putzt nie die Küche!
Dein Magenwind sorgt für Gerüche,
die ständig durch die Wohnung fliegen –
mit dir zu leben, ist kein Vergnügen!

Dickerchen: Das war mir klar, dass du darauf pochst.
Überleg aber mal, was du für mich kochst!
Jeden zweiten Tag gibts Sauerkraut –
so langsam geht es mir unter die Haut.
Also kann es gar nicht anderes gehen –
da müssen einfach die Winde wehen!
Laufend Bohnen, Erbsen, Porree und Zwiebel –
dein Schlangenfraß ist schuld am Übel!

Süße: Du bist nicht nur ein Super-Depp,
ich denk mir, du bist einfach schepp!
Wenn ich für dich nicht Woch' für Woche
am Herd steh und das Essen koche,
Selbst dafür bist du ja zu blöd,
und weißt ja nicht, wie sowas geht!
Du würdest nur am Kiosk lungern
und eines Tages glatt verhungern!

Dickerchen: Da lach ich wie 'ne Gummihex,
du selten dämliches Gewächs!

Ich würde niemals hungrig bleiben,
denn schließlich gibt es tausend Kneipen –
und in der „Krone" ist auch noch die flotte,
fesche Bedienung – die Lieselotte.
Ich denk mir nur, du Trampeltier,
die ist das Gegenteil von dir!

Süße: Die Babbel-Lies mit ihren Falten?!
Da tätest du besser mich behalten!
Bei mir, das sag ich ohne Mist,
weißt du genau, woran du bist!
Hier bei uns fliegen zwar die Fetzen,
wenn wir in Positur uns setzen –
doch glaube mir, auch anderswo
geht's dir bestimmt ganz ebenso!

Dickerchen: Genau, das war ein Ehekrieg
mit andern Weibsleut, ohne dich!
Nun ja, ich muss dir eingesteh'n,
die meiste Zeit mit dir ist schön!
Wenn von uns beiden zwar jeder auch stöhnt –
viel besser ist es, wenn man sich ausgesöhnt.
Dann ist der Himmel wieder blau,
mit dir du süße, wilde Frau!

Beide: Drum Tschüs, ihr Narren, und
Helau!!!

Das Traumpaar Ernst und Suse

Tritt eine Frau auf, sollte sie ihren Suse-Text mit „starker" Stimme gestalten. Den Part der Suse kann aber auch ein großer, kräftiger Mann übernehmen, der als Frau verkleidet so richtig bedrohlich wirkt.

Ernst: Ich weiß net, ob ich mein Vortrag soll machen,
für mich gibt et heut abend net mehr viel ze lachen.
Denn mein Frau verfolgt mich off Schritt und Tritt,
un nur, weil die wollt heut och in de Bütt.
Ich kann nur hoffen, dass se net kommt in de Saal,
bis ich mein Vortrag hier hab gehall.
Drum fang ich jetzt mit meiner Rede an.

Mein Thema heißt heute: „Der vollkommene Mann".
Die Krone der Schöpfung – seht mich nur an –
das ist ganz ohne Frage der Mann!
Es steht das „Herr" für Herrlichkeit,
so erklärt es schon der Duden.
Das Wort „Dame" steht für Dämlichkeit,
das kann man daraus vermuten.

Suse: Machste Platz jetzt! Du, du Herrlichkeit von Mann!
Jetzt komme ich hier dran!
Mir ze sagen, et wär kein Platz mehr in der Bütt,
aber so lasse ich net mit mir umgehen – so net!
Von wegen, mich im Programm zu unnerschlagen,
dabei hab ich hier Einiges zu sagen.
Guckt euch nur den Elferrat mal richtig an,
wat is dann an denen schon dran!
Dat sin doch lauter traurige Gestalten,
un die meinen, ich könnt hier kein Vortrag halten?

Mit Händ und Füß han se sich dagegengestellt,
als ich mich für die Bütt han angemeld.

Un du, du Obernarr –
Meinst, du wärst dat Nonplusultra von allen Dingen,
tust hier die große Rede schwingen!?
Ja, ma könnt meinen, de wärst schon besoff,
so reicht de dein groß Klapp nomo off!
Un dann die fresch Schness och noch wetzen,
un gegen uns arm Frauleut hetzen!
Un euch Männer tut dat och noch gefallen,
da sieht ma ma widder, wat ma von euch hat ze hallen!
Ihr meint wohl, ihr kämt von nem besseren Stern –
meint ihr – aber net bei mir – MEINE HERRN!
Ich rufe dafür heut abend all Frauen hier off,
De Knüppel raus – un nix wie droff!

Ernst: Ich han et geahnt – et gibt nomma Verdruss.
Aber et reicht jetzt – wei is endlich Schluss.
Du suchst wie immer nix wie Streit,
Fühlst dich stark bei all den Emanzen und Frauensleut.
Lass wenigstens die Männer in Ruh hier im Saal,
et langt, dass ich et vor Ärger han an der Gall.

Aber so ist es seit urdenklichen Zeiten,
ihr fühlt euch nur wohl, wenn ihr könnt streiten.
Et Haushaltsgeld tut ihr verplempern,
mit Lippenstift und falschen Wimpern.
Statt uns wat Gutes zu servieren,
lasst ihr euch in der Sauna massieren.
Ihr Männer, da hört doch all Geduld ma off,
De Knüppel raus – un nix wie droff!

Suse: Me wei gibt et mir awwer doch ze dumm,
du sagst, mir Frauen kämen met em Geld net rum.
Dabei hörn mir von euch doch wieder nix wie sparen,
Me met euch Mannsleit ist doch kei grad fuhr ze fahren.
Mir Frauen sollen für euch brutzeln un flambieren,
Hähncher, Rumpsteak und auch saure Nieren.
Et würd nur noch fehlen,
dat ihr gingt goldene Fürzchen erwählen,
die mir euch noch braten sollen,
dann könnt euch awer gleich den Deuwel hollen.
Ihr Frauen, da hört doch de ganzen Gemüshandel off,
De Knüppel raus – und nix wie droff!

Ernst: Also jetzt wird et aber langsam Zeit,
dat mit euch Frauen geht entschieden zu weit.
Ich protestiere hier als der Schöpfung höchste Zier,
Wer war dann zuerst da, mir oder ihr?
Wie könnten mir Männer doch so glücklich senn,
wenn et überhaupt kein Fraaleit gäb genn.
Seit ihr wat gehört habt von emanzipieren,
da meint ihr, ihr braucht uns net mehr zu parieren!?
Drum ruf ich alle Männer jetzt off –
De Knüppel raus – un nix wie droff!

Suse: Fang du nur met dem Thema an,
da bist de aber bei mir richtig dran.
Dat bisschen, wat ihr Männer noch tut schaffen,
dat könnten mir Frauen och noch machen!
35 Stunnen in de Woch,
geht dir doch nur noch of de Arbeit droff.
De meist Zeit seid ihr doch strack wie'n Besen,
dir Mannsleut seid doch völlig unnütze Wesen!
Aber – dat mit der Strackheit, dat hört bald off,
Frauen: De Knüppel raus – un nix wie droff!

Ernst: Ei, du hast et nötig, dein Schness ze riskieren,
du liegst doch Abend für Abend – ausgestreckt
                        mit allen vieren,
de bist schon davon ganz doof im Gehirn –
of em Sofa vor dem Fernsehschirm!
Wie mir zwei neulich Tutti-Frutti han geguckt,
un mich hatt et davon e bisschen gejuckt,
da hab ich dich gefragt, im Rausch der Gefühle,
ob mir net och Tutti-Frutti soll'n spielen.
Da hast du gesagt mit einem langen Gähnen:
„Lass mich in Ruh, ich han heut Migräne!"
Männer, da hört doch alle Liebe off,
De Knüppel raus – un nix wie droff!

Suse: Hach! Off die Tour willst du reiten,
dann musst de aber och bei der Wahrheit bleiben.
Wieso dat so is – aber gell, da haltste de Schness!
Denn du bist doch ständig off da Tour,
machst wochenlang ein Kneipenkur.
Riskierst un jedem Buffet doch dein Schness,
du rennst do rum, wie'n Hund, der laafisch is!
Un findste spät in da Nacht dann heim de Weg,
wirst de von deinen Genossen vor de Haustür gelegt!
Dann willst de noch lieb sein un noch nett,
grawwelscht gern bei mich in't Bett!
Ei, da hört doch all dat Schmusen off,
De Knüppel raus – und nix wie droff!

Ernst: Ja, wenn de willst, brauchst de et nur zu saan,
dann schaff ich mir gleich en annert an.
Aber kein mehr so en gliidisch Feuerzang,
die sich selber oft net leiden kann.
Mir käm dann ebbes Knuspriges off de Rippen,
un kein soo'n alt doddelisch Deppen (Topf).

Suse:	Wie wär ich dann so glücklich und so froh,
	et wär e ganz anner Leben, als wie so.
	Un all de Streit mit dir hört dann off,
	Ihr Männer:
	De Knüppel raus – und nix wie droff!

Oh, du Großkotz!
Mir Frauen wissen längst Bescheid,
dat ihr Männer alle Schlappschwänz seid.
Denn grad in der Liebe ist fürwahr
der Mann – ein traurig Exemplar.
Ihr lebt doch gern in Saus und Braus,
gebt euer Geld bei annern Frauen aus.
Sinn euch die Naupen dann vergang,
kommt ihr voll Reue off de Knie bei uns an:
„Holt auf uns ins Haus – nehmt uns wieder off!"
Nix da: De Knüppel raus – und nix wie droff!

Ernst:	Du, ich mein dat Thema wird jetzt zu heikel,
	müssen wir uns eigentlich vor allen Leuten
	verschennen und verstreiten?
	Ich hab zwar gemerkt, dat sind kein Possen,
	hier im Saal han mir viele Leidensgenossen.
	Aber ich wär dafür, mir hören jetzt off,
	sonst schlagen die off einmal richtig droff.

Suse:	Hmh, – wenn ich et so richtig überleg,
	dann haste recht! –
	Komm, mir gehn jetzt, de bist ja doch mein
	gudder Knecht!

Helau!

Szenen einer Ehe

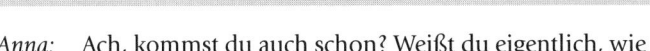

Sie sitzt auf der Bühne, liest eine Zeitschrift und schlürft Kaffee. Er kommt etwas später auf die Bühne – mit Bierflasche, Zeitung und Zigarrenschachtel.

Anna: Ach, kommst du auch schon? Weißt du eigentlich, wie spät es ist?

Anton: *(dreht sich auf dem Absatz herum und will gehen)*

Anna: Halt! Wo willst du denn hin?

Anton: In die Kneipe, da hängt eine Uhr.

Anna: Bleibst du wohl hier, du hast mich lange genug allein gelassen heute!

Anton: Ach, das erinnert mich wieder an meinen süßen Traum von heute nacht.

Anna: Was hast du denn geträumt?

Anton: Ach, ich habe heute nacht geträumt, wir wären nicht verheiratet, und ich bat dich um deine Hand.

Anna: Ach, Schatz, was für ein wunderschöner Traum!

Anton: Das kann man wohl sagen, du hast nämlich nein gesagt. Ich muss doch ein kompletter Idiot gewesen sein, als ich dich damals geheiratet habe!

Anna: Das kann ja schon sein, aber ich war damals so verliebt, dass ich es gar nicht bemerkt habe. Um dich zu heiraten, habe ich sogar mein Studium aufgegeben!

Anton: Vermutlich das Studium der Kochkunst!

Anna: Ich verstehe dich nicht, früher warst du glücklich, wenn du mich nur zwei Minuten gesehen hast!

Anton: Na und, daran hat sich ja auch nichts geändert!

Anna: Ich habe dir die besten Jahre meines Lebens geopfert!

Anton: Und ich dir die besten Seiten meines Scheckheftes!

Anna: Andere Ehemänner heben ihre Frauen in den Himmel!

Anton: Ja, das tät ich ja auch, wenn ich wüsste, dass du dort bleibst!

Anna: Da hätte ich auch den Teufel heiraten können!

Anton: Ehen zwischen Geschwistern sind nicht erlaubt.

Anna: Über deine Beleidigungen könnte man aus der Haut fahren.

Anton: Das würde mich überhaupt nicht wundern. Ich sagte ja schon immer, dass du eine Schlange bist.

Anna: Ach, es ist schrecklich mit dir! Niemals gehen wir irgendwohin oder treffen uns mit jemandem. Jeden Abend sitzen wir nur vor dem Fernseher!

Anton:	Sollen wir mal die Plätze tauschen?
Anna:	Jetzt hör mal endlich mit deinen bissigen Bemerkungen auf. Du bist doch kein Hund!
Anton:	So fühle ich mich aber manchmal.
Anna:	Wie sieht es denn dann eigentlich mit deiner diesjährigen Grippe aus?
Anton:	Das ist die Idee!
Anna:	Dann nimm die doch mal. Das Wohnzimmer muss neu gestrichen werden.
Anton:	Das mache ich morgen.
Anna:	Morgen, morgen. Alles machst du morgen!
Anton:	Du hast ja recht, mein Schatz, das kann ich morgen gar nicht alles schaffen. Ich mache es nächste Woche.
Anna:	Nicht den kleinsten Wunsch erfüllst du mir.
Anton:	Ich wüsste nicht, dass du mal einen kleinen Wunsch gehabt hättest.
Anna:	Mir reichts! Ich lasse mich scheiden! – Aber nein, ich bin ja für dich unentbehrlich.
Anton:	Du bist für mich unentbehrlich? Dass ich nicht lache – für 500 Mark kann ich mir einen Papagei kaufen, der auch dauernd dummes Zeug schwatzt!

Anna: Für uns Frauen ist die Sache um einiges teurer, ein Esel kostet mindestens das Fünffache! Und dann müssen wir auch noch den Stall ausmisten. – Ach, hätte ich dich doch bloß nie kennen gelernt!

Anton: Da sieht man es wieder! Jetzt wo es zu spät ist, da hast du plötzlich Mitleid mit mir!

Anna: Dass du es nur weißt, mir haben schon Dutzende von Männern zu Füßen gelegen!

Anton: Ja, alles Orthopäden. Außerdem, warum redest du immer nur von den Schattenseiten unserer Ehe.

Anna: Na, du führst mich ja auch oft genug hinters Licht! Ach, wenn ich da noch daran denke. Als wir jung verheiratet waren, hast du mir immer das größte Stück Fleisch übergelassen. Ich glaube, du liebst mich überhaupt nicht mehr.

Anton: Natürlich liebe ich dich noch immer, mein Schatz. Nur kochst du inzwischen wesentlich besser. – Aber eines ist mir aufgefallen. Am Anfang unserer Ehe war unsere Wohnung immer sauber und ordentlich. Jetzt sieht sie wie ein Kuhstall aus. Kannst du mir das erklären?

Anna: Das ist doch ganz einfach. Ich habe die Wohnung dem Ochsen angepasst, der drinnen lebt. – Und das will ich dir zum Schluss auch noch sagen. Ich habe heute Horoskope gelesen. Wärest du nur zwei Tage später geboren, wärst du freundlich, großzügig und geistreich.

Urlaub zu zweit

Der Ehemann trägt, Stock, Fotoapparat
und einen Flachmann um den Hals. Sie
wirkt erschöpft und frustriert. Ihr altes
Kleid ist drei Nummern zu groß.

Kurt: Weil mein Frau seit 20 Jahren
sich als Ehefrau tut gut mit mir vertragen,
wollt ich ihr 'ne Freude machen
und sagt' zu ihr: „Schatz,
pack deine sieben Sachen!
Denn – mir zwei werden dies Jahr
endlich einmal Urlaub machen!"

Wie hat die sich gefreut, die gute Seele!
Und – von dem Urlaub will ich euch jetzt erzählen:

Ich kann euch nur sagen,
was war das für'n Spaß, was han mir gelacht,
wie ich mit meim Frauchen han Urlaub gemacht!
Was sind mir gewandert, was han mir gesungen,
Hand in Hand sind mir über Gräben gesprungen!
Mir haben geruht, mir sind auch marschiert,
mir war'n ganz verliebt und han ach poussiert!
Wie war der Urlaub so schön, war das so fein!
So müsst' es das ganze Jahr über sein!

Klara: Ja, et stimmt! Ich han mit dem Urlaub gemacht,
aber ich han dabei mehr geheult wie gelacht!
Ich wär gern' gewandert, hätt' gern mal gesungen,
doch der hat ständig es Bierglas geschwungen!

Ich wollt gern verliebt sein, wie es früher is gewesen,
doch der Heini tat nur in der Eck liegen und lesen!
Ich dacht mir den Urlaub wirklich mal nett,
doch mein Gatte lag meistens betrunken im Bett!

Kurt: Eh' die Reise in den Urlaub begann,
ging ich mit ihr in die Stadt, ich zog sie neu an!
Ich kaufte ihr Blusen, Röcke und ein Kostüm,
außerdem noch Puder, Creme und Parfüm!
Sie bekam sogar noch drei Kleider, Schuhe und Hut,
denn für mein Schätzchen war nichts mir zu gut!
Dabei wollt' se dat alles gar net han, ich musst' sie
                                              bedrängen,
denn ich wollt ihr doch zeigen, dass ich an ihr hänge!

Klara: (zeigt ihm einen Vogel)
O Gott! – Bevor mir die Reise han angetreten,
hab ich meinen Gatterich höflich gebeten:
Ich bräucht was zum Anziehen, ich bräucht' noch
                                              ein Kleid.
Da hat er geschrien, ich wär net gescheit!
Er hätt' kein Geld, das wüsst ich genau,
und außerdem wär so ein Urlaub kein Modenschau!
Mein ältesten Fähnchen wurden verstaut,
so hat der mir gleich zu Anfang die Laune versaut!

Kurt: Mir fuhren mit dem Zug, ich tat ihr die Aussicht zeige,
ich hab sie gestützt, fuhr der Zug über 'ne Weiche.
Und umsorgt: „Willst du Kaffee, mein Schätzchen,
oder willst du lieber ein besseres Plätzchen?!
Hast du Hunger, willst du im Gang etwas laufen?
Oder soll ich dir etwas zum Knabbern kaufen?"
Ich hab sie umhegt, so lang wir sind gefahren,
bis wir schließlich am Urlaubsort waren!

Klara: Du Lügner! Das ist doch gemein!
Die meiste Zeit saß ich im Abteil allein!
Mit fremden Frauen hat er dauernd gequasselt
und mir damit jede Freude vermasselt!
Im Zug was zu trinken, das wär viel zu teuer!
Aber er trank ständig im Bistro, das Ungeheuer!
Ich musst unsere Koffer schleppen,
denn die Gepäckträger, sagt er, täten
die Leut doch nur neppen!

Kurt: Im Hotel hab ich 's Essen sogar auf's Zimmer bestellt,
denn für das Wohl meiner Süßen lag mir nix am Geld!
Mein Schatz schlürfte Champagner – ich billigen Wein!
Ich half ihr beim Ausziehn – wie war das so fein!
Sie hat dann gebadet – ich hab sie behutsam frottiert,
ich trug sie ins Zimmer, dass nur ja nix passiert.
Ich sagte: „Schatz, du bist sicher müde und matt,
geh schlafen, ich mach das Bett dir noch glatt!"

Wie war der Urlaub so schön, war das so fein!
So müsst' es das ganze Jahr über sein!

Karla: Von wegen, er hat uns bestellt das Essen,
„Die restlichen Brote von der Fahrt werden gegessen!"
Statt Champagner gab er mir nur Leitungswasser,
das wär viel gesünder und außerdem nasser!
Ich musste jeden Abend zeitig ins Bett,
das fand ich nun wirklich gar nicht nett.
Er ging dann jedesmal noch nach unten,
morgens um vier hab ich ihn meist dann gefunden.
Er lag auf dem Mist, die Augen verpappt!
Man hatte den Lüstling beim Fensterln ertappt!

Ich dacht' mir den Urlaub wirklich mal nett,
doch mein Gatte, lag meistens betrunken im Bett!

Kurt: An einem Tag, da gingen wir zum Baden.
Ich sag euch, mein Schätzchen hat herrliche Waden!
Zwar ist der Bikini ringsum ganz schön voll,
doch gerade die Masse, die finde ich toll!
Ich sah niemand anders, ich schaute nur sie,
mein Herz war voller Liebe und voll Poesie!
Beim Schwimmen, da war mir 's ums Herz ganz
beklommen,
zum Glück ist sie mir nicht davongeschwommen!

Karla: Beim Baden, da hat der Lump sich erst richtig entpuppt.
Er hat mich einfach ins Wasser geschuppt!
Als ich 'ne Schwimmwest wollt', fing er an zu toben:
„Die brauchste nicht, denn Fett schwimmt ja oben!"
Nach anderen Weibern, da hat er gepfiffen
und hat jeder Zweiten in den Hintern gekniffen!
Bei meinen Reizen, da guckt er weg
und sagt', weil ich heulte, er liebe keinen Speck!

Ich dacht' mir den Urlaub wirklich mal nett,
doch mein Gatte fand nur die andern Weiber adrett.

Kurt: Ach, und dann kam ein herrlicher Morgen,
ich musste beizeiten das Frühstück besorgen,
Da tat die Nacht sich gerade erst neigen;
wir wanderten los, eine Alm zu besteigen.
Mein Frauchen ward müde, ich hab sie getragen.
Ich tat es gerne, obwohl ich war müd und zerschlagen.
Ich wollt' ihr vom Felsen ein Edelweiß holen,
doch leider hatte ich rutschige Sohlen.

Ich liebe die Natur und ich liebe das Wandern,
es ist mir gegeben wie kaum einem andern!

Wie war der Urlaub so schön, war das so fein!
So müsst' es das ganze Jahr über sein!

Karla: Du scheinheiliger Schuft, du Luderbein!
So kann es gar nicht gewesen sein.
Wie hab ich gebettelt und gebeten,
bis er überhaupt mit mir die Natur hat betreten!
An einem Steilhang wär ich fast ins Leere gehupst;
ich glaub noch heut, der hat mich geschubst!
Bei einer Sennhütt' sank er in den Rasen
und jammerte, er könnt' net weiter, seine Füß wär'n
voller Blasen!
Als später der Weg mich zur Hütte zurückgeführt,
da hat doch der Lump mit der Sennerin poussiert!

Kurt: Ich tat von früh bis spät nur Pläne schmieden,
um täglich mei'm Frauchen was Schönes zu bieten!
Ein Abend zum Tanzen, am nächsten Theater,
dann mal in die Bar zum „Schnurrenden Kater",
zur Modenschau, auch öfter zum Kegeln,
sogar Pferderennen und auf dem Bergsee mal Segeln!
Sie konnt' über Abwechslung wirklich nicht klagen.
Man muss schließlich sein Weibchen auch mal
auf Händen tragen!

Karla: Ei, zum Donnerwetter, so eine Lüge!
Er nannte mich immer nur „alberne Ziege!"
Ich saß stets abends allein im Kino,
mein Ehemann soff derweil literweis Vino!

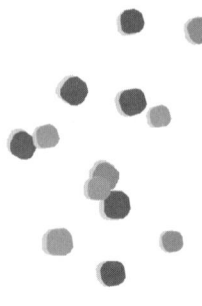

Nachts wälzte ich mich unruhig in meinem Bette,
während er irgendwo trank Bier und Schnaps um
die Wette!
Ich fand keinen Schlaf, verzweifelte schier
und kam er dann heim, stank er furchtbar nach Bier!

Ich dacht' mir den Urlaub wirklich mal nett,
doch mein Gatte lag meistens betrunken im Bett!

Kurt: Wie schad', dass ein Urlaub nicht kann von Dauer sein,
ganz wehmütig packte ich am Ende die Koffer ein.
Und sagte ganz traurig: „Schätzchen, wir wollen jedem
daheim etwas schenken,
drum kaufen wir noch etwas zum stillen Gedenken."
Ich zückte mein Brieftasch, gab ihr haufenweis Geld,
dann hab ich ein Taxi zum Bahnhof bestellt.
Konnte schwer mich nur trennen von Tagen voll Glück,
es blieb dort ein Stück meines Herzens zurück!

Wie war der Urlaub so schön, war das so fein!
So müsst' es das ganze Jahr über sein!

Karla: Oh, heiliger Bimbam! Du scheinheiliger Tropf!
Er schlug unser sämtliches Geld auf den Kopf!
Ich musst' noch drei Tage lang Teller waschen
für lauter unbezahlte, leergesoffene Flaschen!
Ich schrubbte fürs Fahrgeld im Zug die Toiletten!
Er saß im Abteil und rauchte Zigaretten!
Ihm ist der Urlaub prächtig bekommen,
und ich arm Luder hab 20 Pfund abgenommen!

Kurt: Dann wieder zu Hause – ist auch etwas wert.
Ehrlich gesagt, nix geht über den heimischen Herd!

Ich war so zufrieden und hab nur gedacht:
Was han mir zwei für'n herrlichen Urlaub gemacht!
Mein Frau hat erholt sich an Seele und Leib,
wie schön, doch zu haben so ein spannkräftig Weib!
Zwar hats mich gekostet ein schön Stückchen Geld,
doch für mein Schätzchen, da kauf ich die Welt!

Wie war der Urlaub so schön, war das so fein!
So müsst' es das ganze Jahr über sein!

Karla: Jetzt reicht es mir aber, jetzt ists genug!
Alles, was der sagt, ist Lug und Trug!
Für mich war der Urlaub 'ne einzige Qual!
Anschließend musst' zur Erholung ich ins Spital!
Während er tut noch heut mit dem Urlaub prahlen,
muss ich noch immer für seine Dummheiten zahlen!
Wenn der mir noch mal mit so 'nem Urlaub kommt,
dann – lass ich mich scheiden prompt!
Jawoll!

Wolle mer se reilasse?

Hrsg. D. Kunschmann,
80 S., kartoniert
ISBN: 3-635-60675-8
DM 9,90

Hrsg. D. Kunschmann,
80 S., kartoniert
ISBN: 3-635-60676-6
DM 9,90

Hrsg. D. Kunschmann,
80 S., kartoniert
ISBN: 3-635-60677-4
DM 9,90

Hrsg. D. Kunschmann,
80 S., kartoniert
ISBN: 3-635-60678-2
DM 9,90

Hrsg. D. Kunschmann,
80 S., kartoniert
ISBN: 3-635-60679-0
DM 9,90

Hrsg. D. Kunschmann,
80 S., kartoniert
ISBN: 3-635-60680-4
DM 9,90